电商数据分析与数据化运营

刘振华 / 著

Data Analysis
and Data Operation
for E-commerce

图书在版编目（CIP）数据

电商数据分析与数据化运营 / 刘振华著 . —北京：机械工业出版社，2018.5（2025.3 重印）

（数据分析与决策技术丛书）

ISBN 978-7-111-59819-0

I. 电⋯ II. 刘⋯ III. 电子商务－数据处理 IV. ① F713.36 ② TP274

中国版本图书馆 CIP 数据核字（2018）第 086855 号

电商数据分析与数据化运营

出版发行：机械工业出版社（北京市西城区百万庄大街 22 号 邮政编码：100037）

责任编辑：李 艺　　　　　　　　　　　　责任校对：殷 虹

印　　刷：固安县铭成印刷有限公司　　　　版　　次：2025 年 3 月第 1 版第 11 次印刷

开　　本：170mm×230mm 1/16　　　　　印　　张：12.5

书　　号：ISBN 978-7-111-59819-0　　　　定　　价：69.00 元

客服电话：(010) 88361066 68326294

版权所有 · 侵权必究
封底无防伪标均为盗版

| 前言 |

本书对服饰行业的宏观而重要的业务体系、多维而立体的数据化运营指标,以及被行业所证明的数据化运营实例进行了全面、详细、深刻且独特的解析。书中涵盖了"业务""数据""运营"三大模块,并且三大模块并不是各自为营的,而是采取了"业务中有数据,数据中有运营"的表达思路——这才是"数据化运营"的真正实践。

本书采用了理论与实践案例相结合、理论与业务模型相结合的介绍方法。从电商的发展史到天猫、京东、唯品会的特性与发展趋势,从服饰行业的行业特性到服饰行业的运营框架,从运营框架到与运营息息相关的运营数据指标,从运营指标到数据分析方法,从数据分析方法到经典而实用的数据分析案例,几乎每一个业务理论都会以一套业务模型来概括之,并且这套业务模型也将应用于后续的数据分析案例。

同时,本书最大的特色在于,这是一本职场纪实小说,也是一本电商数据分析师的成长日记。阅读本书,你仿佛置身于一个虚拟而真实的电商公司，经历着书中主人公所经历的一切业务上、技术上，甚至心态上的进步。阅读本书，你不会像阅读其他专业书籍一样感到枯燥而乏味，而是可以很轻松地将文字与故事场景中精深的业务模型与实战案例转化为自己的知识！

你可以是书中从零开始组建团队、勇挑重担、运筹帷幄的商业智能部门经理"Alex"，可以是从传统服饰行业商品模块转型过来的"叶子"，也可以是从其他行业转型到服饰行业，对服饰与电商一窍不通的"大白"。由于本书的纪实风格与故事性，你还可以是公司其他非电商类的管理者，或者是刚毕业的应届学生。——只要对电商、对电商数据分析有浓厚的兴趣，你就能够在阅读本书的过程中找到学习的乐趣。

简而言之，本书试图以易读、易懂、易用的手法，向读者诠释一位"精业务、精数据、精运营"的"三精"数据分析师的成长过程。因此，本书不会有 Excel 模板、也没有 SQLServer 与 SPSS 等专业工具的侵扰，而是专注于精英数据分析师必备的"业务、数据、运营"这三项能力，并尽可能试图向你诠释这三者之间的关联与应用价值。作为在电商行业沉浸多年，并且带领过两个 TOP 级品牌的数据团队的从业者，笔者自认正是这样一位"三精"数据分析师，也一直是"数据化运营"的推动者与实践者。笔者希望通过本书把自己在工作实践中的所思所想整理成一个职场故事，分享给大家。其中有些观点可能与当前主流观点类似，但这并不是抄袭，而是行业通用的标准与数据战法。本书更多是笔者十余年工作经验的总结与积累，并不是放之四海而皆准的"真理"。希望你在阅读的过程中能够边读边想，边实践边论证，边求道边证道！

与各位读者共同学习，共勉之！

目 录

前言

引言 没有数据支持的电商不好做 001
  招兵买马，迎风起航 004
  Alex 的带教课程 008

第 1 章 建立电商运营的"上帝视角" 011
  第 1 课 服装与电商发展近史 011
  第 2 课 数据分析不是"造火箭" 016
  第 3 课 电商运营就是"开飞机" 020
  第 4 课 在正确的渠道卖正确的货 030
  第 5 课 图解渠道的运营节奏 037
  第 6 课 建立店铺的说服逻辑与购买路径 047
  小结 062

第 2 章 像"堆积木"一样认识数据指标 065
  第 7 课 能够诊断业务的 KOL 数据指标 065
  第 8 课 人、货、场下的数据指标库 080
  小结 092

第 3 章　表作骨，美化为肉，方法是灵魂　　094
  第 9 课　快速建立实用美观的数据表　　095
  第 10 课　简单而实用的三大分析方法　　105
  小结　　115

第 4 章　向双 11 进军，数据分析实战开始　　117
  第 11 课　店铺的诊断分析方法　　117
  第 12 课　店铺的流量分析　　128
  第 13 课　店铺的商品分析　　140
  第 14 课　店铺的用户分析　　159
  第 15 课　店铺的活动分析　　167
  第 16 课　店铺的双 11 年终大促　　182

后记　　193

引言

没有数据支持的电商不好做

这几天,有关"公司的电商总监要换帅了,Aaron 总要引咎辞职了!"的小道消息,在艾尚服饰公司内部开始流传,并且有愈演愈烈的趋势。

艾尚服饰是国内知名的电商服饰品牌,成立于 2008 年,属于第一批在淘宝平台上成立品牌服装的"淘品牌"。至 2016 年,随着公司在天猫、京东、唯品会等渠道上的扩张,公司从以前年销售额 200 万的淘宝店铺迅速成长为当前年销售额近 8000 万的多渠道品牌。

然而,最近两年,"电商"这块巨大的蛋糕吸引着越来越多的传统品牌进入,平台的消费力(流量)迅速被稀释,扣点增加,流量补贴、促销补贴等经营红利消失。公司的业绩每况愈下,已经连续 10 个月出现业绩同比下滑或持平的态势。因此,才有了关于公司现任电商总监 Aaron 要引咎辞职的流言蜚语。

Aaron 是从公司成立之初,一直为公司南征北战的老员工。由于他一直负责公司淘宝店铺、天猫店铺,因此算是公司功勋卓越的员工之一。Aaron

在淘宝店铺与天猫店铺上有近10年的丰富运营实战经验。他精通直通车的"开车"技巧，又有极丰富的"打造爆款"的能力，常常能够创造公司"爆款"的销售奇迹。

但是，从最近两年公司拓展了京东、唯品会等渠道，开始了多渠道以及更专业的品牌战略以来，Aaron以前"战无不胜"的运营手法好像不管用了，不仅天猫店铺与淘宝店铺的业绩出现了持续同比下降，就连新开的京东与唯品会店铺也始终很难取得突破式的业绩进展。——Aaron"开车"与"打爆款"的两大运营法宝在一夜之间仿佛失灵了。

此时，在公司的一间办公室中，Aaron正在向董事长及相关负责人汇报工作。Aaron对这次会议寄予厚望，他希望在这次会议上获得一些重要支持。

"各位领导，我们电商事业部的业绩连续3个月没有达标，甚至与去年同期相比还出现了一些下滑，主要责任应该由我来承担。这一点，恳请各位领导批评。"

"首先，我说说目前在电商经营中出现的一些问题。"

1）平台红利结束后，我们的经营理念没有及时更新升级，还处在"买流量、打爆款"的电商1.0阶段；

2）平台运营几乎全是靠打折促销来完成业绩，没有成熟的符合零售规律的运营体系，所以新品消化很少，经营利润也很低；

3）平台运营几乎都是靠经验与电商平台的惯性在工作，没有符合公司品牌发展的销售计划，也没有数据分析与支持；

4）许多部门都是单打独斗，销售、商品、推广等重要业务部门很少统一在同一频道上工作。

Aaron罗列了四大问题之后，在座的一些职业经理人默不作声，但心里却是波涛汹涌，不时用眼光扫视一下 Aaron，又迅速躲开。"如此深刻地自曝其短，看来 Aaron 是打算进行大动作了。"

董事长神情严肃，问道："嗯，原因找得很深刻。那你打算怎么做呢？"

Aaron 中气十足地回答："所谓吃一堑长一智，最近两个月我一直在业界走访与学习。关于如何解决这些问题，我有一个考虑已久的思路——那就是成立一个专门的数据部门。"

首先，我们需要一套符合服装行业零售特点、成熟可用的数据化运营工具。这套工具可以告诉我们在什么时候以什么样的折扣与形式卖哪些商品，就像线下的零售部门所做的月度销售计划那样。

其次，我们要重新梳理一套以销售业绩为目标的、符合各大业务部门的 KPI 考核指标，还需要建立一套使销售、商品、推广三大部门能够顺利沟通、统一目标的数据分享机制，从而到达数据、信息、资源的共通与共享。

另外，现在业界都提倡"精细化运营"，所以我们还需要让销售、运营的同事学会根据数据来运营，而不是凭经验来运营。

……

所有这些，只有成立一个专职的数据分析团队才能够满足。

Aaron 在会议上侃侃而谈，这些都是他最近三个月不断走访优秀同行以及密集参加各种行业论坛后总结出来的。

最后，Aaron 颇有信心地总结道："我相信，新成立的数据部门是打开事业部业绩困惑的一把金钥匙！因此，我希望总部能够给我这个部门编制。"

一个小时后，Aaron 笑呵呵地从会议室出来——他要成立新数据部门的方案通过了！

招兵买马，迎风起航

5号会谈室中，Alex的面前放着一份简历，他抬头看了看眼前坐着的年轻人，披肩发、未染未卷，微胖，戴着眼镜，上身穿着白衬衣与毛织外套，下身穿着碎花短裙，穿着正式又透露出点活泼，脸上有淡妆，表情稍显有些拘谨。

作为资深数据分析师，Alex内心细腻，观察入微，善于从细节入手对事物进行剖析。

"你好，我叫Alex，是今天的面试官。请简单介绍一下自己吧。"

"你好，我叫叶子，2012年毕业于……目前为止，我干过两份工作。第一份是……"眼前的面试者开始陈述，Alex扫了一下简历。嗯，简要的一两句话总结了自己的基本信息，语言总结和表达还不错。

"挺好的，你前一份工作是商品运营，能谈谈你对这份工作的具体认知吗？"

"是的，当时的情况是这样……我主要负责的是……我认为好的商品运营可以帮企业……"

5分钟，女孩滔滔不绝地把她对"商品运营"的认知全部推销了出来。

"很好，最后一个问题，你在哪些电商网站上买过东西？你对它们有什么不一样的看法？"

女生看起来有些懵，沉默了好几秒钟，她应该有些好奇，Alex为什么会问这样的问题。

"你转换一下身份，如果你是电商卖家，你认为天猫、京东、唯品会有什么不一样的地方？"Alex只好继续用问题来引导她。

这一下，她有些明白了。用低于之前的声音回答道："我是负责商品运营的，从商品角度，我会建议公司把新品的衣服放在天猫上面首发销售，然后把一部分过季的形象款、橱窗款，再搭配一些走量款，放在唯品会上面销售。当然，京东我不是很了解。而且对于电商，我是个外行，不知道这样的想法对不对？"

Alex 微笑地看着女生，对她表示肯定，"嗯，你说的不错"，转而又严肃地对她说，"叶子，谢谢你今天花时间来面试，我们的面谈就到此为止。接下来我需要和 HR 沟通一下，有消息会有专门的同事电话与你联系的。"

Alex 起身，和叶子礼貌地握握手，把她送出会谈室。

下一位面试者是位男生，瘦高，戴着眼镜，穿着随意，一头短碎发中已经夹杂着些许白发，面容显得十分平静而从容，即使是端坐着，嘴角也微微有些上扬。

"你好，我叫 Alex，是今天的面试官。我大致看了一下你的简历，你前一份工作是做数据分析，不过是在机械制造行业。而你之前从未在服饰行业工作过，能不能谈谈你为什么要做这样的跨界？"

男生稍微前倾显示出专心听问题的姿态，在 Alex 说完后，轻微地正了一下身子，微笑着回答："你好，我叫大白，之前在机械制造行业工作了 3 年，一直负责数据分析。我认为机械行业的数据分析过于偏向物料、库存这样偏后端的方向，而服装行业中由于零售型公司居多，所以数据分析会更加偏向前端，数据也更容易产生价值。这就是我尝试跨界到服饰行业的原因。"

"很好，那你认为数据分析的价值在哪里？"Alex 慢声追问道。

"我认为数据分析能够为企业的运营提供更合理的运营建议"，男生不假思索地回答道，显然以前思考过类似的问题。"不是更好，而是更合理！"，稍微停顿了一下，男生竟然又强调了一句。

"嗯,'合理'这个词很有意思。为什么你认为是'更合理',而不是'更好'呢?"

"数据分析不是万能的,从数学角度来讲,数据分析只是一种让人理性思考和决策的工具与方法。而商业经营并不是纯靠理性的博弈就能赢的。除了理性的数据支撑,还需要丰富的情感驱动,尤其是服饰行业,对于时尚趋势的判断更是数据不能预测的。所以,数据只能做到更合理,但不一定会更有效。"

"很棒的想法。那你认为,数据分析对电商的运营能够产生哪些具体化的帮助?"

"嗯,"男生眉头很明显地往上挑了一下,然后拧在一起,很快又回答,"来面试之前,我做了一些功课,比如电商流行的'打造爆款'模式,我认为它的背后必须有一套成熟的数据分析模型在支持。另外,还有……"

"最后一个问题,你认为天猫、京东、唯品会这三家电商平台各有什么样的不同?"

"它们的不同在于市场定位,天猫主打品牌服饰、京东主要做3C品类、唯品会则专注于特卖。另外,它们的经营模式也有所不同,天猫就像shoppingmall,做的是平台,负责吸引流量与商家入驻,然后收取场租费用;而京东除了做平台,还有自己的京东自营店;唯品会就像奥特莱斯一样,只给品牌商提供临时特卖场所。"这个问题又是大白着重研究过的,所以他再次娓娓而谈。

……

当这轮面试结束时,Alex对男生建立了初步的评判:这位男生对自己很有自信,有专业的数据分析技能,擅长从宏观层面分析问题与规律,而且对商业模式的研究也还不错。

回到办公室，Alex 静坐了几分钟，然后在键盘上敲打着面试反馈。他一面有节奏地敲打着键盘，一面也在想着几天前与 Aaron 的对话。

Aaron 是这样问的："Alex，接下来你要组建全新的团队，担子可不轻呐。对于选人方面，你有什么要求吗？"

Alex 记得当时自己以略带低沉的语气回答："在服饰行业中，现在能够拿得出手的数据分析师并不多。因为行业普遍才刚刚开始重视数据，并接受'数据化运营'的理念，所以目前能够像 U 盘一样即插即用的人并不好找。与其这样，我看倒不如放宽要求，找一批全新的人才，从零开始组建团队，然后在实践中搭建符合我们公司特色的数据化运营体系。"

停顿了一下，他对 Aaron 补充道："我对一名优秀数据分析师的'好苗子'的判断有三个：有数据逻辑、有结构化思维、有商业认知能力。好的数据分析师是三者兼备的复合型人才，这样的人不好找。尤其是商业行为的认知能力，它需要分析人员具备'上帝视角'，能够学习和模仿 CEO 的思维方式和决策方法，这样才能够给公司运营者提供更有价值与意义的分析报告。"

边写边想，Alex 的两份《面试反馈表》已经写完了。在女生的面试反馈表中，他这样写道："面试者对传统服饰行业的商品运营有丰富的实战经验，语言组织与总结能力不错。对电商认识虽然比较欠缺，但面试中可以较自然地将商品运营的知识体系移植到电商环境中来。——建议录用！"

在男生的面试反馈表中，显示："面试者属于跨行业应聘，对服饰行业的认识明显不够，但对数据的价值体现有非常深刻的认识。数据敏感度高，擅长结构化思考，思维活跃，且为人十分自信。面试者能够从纯数据角度出发，找出数据内在的逻辑与联系。——建议录用！"

这是 Alex 入职艾尚服饰公司的第 22 个工作日。Alex 是艾尚服饰公司重金请来的商业智能部负责人，隶属于电商事业部。商业智能部门作为事业部新增的重要职能部门，承担着为电商运营探索一条"数据化运营之路"的重要使命，可谓是事业部的"作战参谋"，因此，在公司内部，商业智能部门又称为"参谋部"，Alex也被戏称为参谋长。

商业智能部被公司寄予厚望，Alex既感受到了"海阔凭鱼跃，天高任鸟飞"的痛快感，但不时也有一份"路漫漫其修远兮"般沉甸甸的压力。

Alex 的带教课程

一周后。

电话机突然响起，是人事部的。Alex拿起电话，"Alex，您好。上周您面试的两位同事，已经安排好于今天入职了，在经过上午的人事行政培训后，会在下午把两位新同事带到您部门。"

道了声谢，放下电话。Alex心里大大松了一口气。按照"定战略—搭班子—带队伍"的三部曲，Alex终于把部门的班子搭起来了。

下午刚上班的时候，HR把两位新人带到Alex的办公室，随即离开了。

"大白、叶子，欢迎你们成为'商业智能部'的一员。"Alex对两位新人表示欢迎，同时对他们提出了鼓励和要求。"我们部门是成立不到一个月的新部门，也是事业部唯一的数据部门。我们部门承担着事业部重要的职责，需要探索出一条全新的电商数据化运营模式。现在有你们的加入，我们团队的人员就配置齐了。希望在大家的共同努力下，早日完成部门的伟大使命。"

刚入职的新人最不缺的就是勇气与决心，两位年轻人争相表态，"好的，我们一定会努力的！"

"OK，今天是你们新工作的第一天，先去熟悉一下工作环境吧。明天早上 10 点，两位来办公室找我一下。"

"好的！"大白与叶子走出办公室。"看来新领导并不凶哦"，叶子想道。

第二天，早上 10 点。

大白约上叶子，一起坐在了 Alex 的办公室。

"请坐"，Alex 招呼两人坐下，"为了帮助你们尽快融入工作，我精心准备了一套关于电商数据分析师的带教课程。所以，接下来我们要一起讨论一下课程的大纲，以及上课的时间安排。"

大白和叶子都是 90 后，活泼的风格再也掩饰不住。两位年轻人喜出望外，"真的吗？""那真是太好了。谢谢老板呀！"

"呵呵，那现在我们先来看一下这套课程的大纲。"Alex 说完，把笔记本电脑屏幕转向了两位年轻人，"你们先看看这个课程大纲"（见表 0-1）。

表 0-1　"电商数据分析师"带教大纲

阶段	课时	标题
1）业务必知	第 1 课	服装电商的发展历史与特征
	第 2 课	部门组织架构与工作职能
	第 3 课	电商的零售特征
	第 4 课	数说电商渠道属性
	第 5 课	图解渠道的活动运营节奏
	第 6 课	电商的说服逻辑与购买路径
2）分析入门	第 7 课	能够驱动业务的 KOL 指标
	第 8 课	"人—货—场"指标全览
	第 9 课	快速构表法
	第 10 课	三大基础分析方法
3）实战演练	第 11 课	店铺的数据化诊断
	第 12 课	店铺的流量分析
	第 13 课	店铺的商品分析
	第 14 课	店铺用户分析
	第 15 课	活动分析
	第 16 课	大促实战

Alex 用手指点着屏幕,"两位,这是一个大约 16 个课时的带教课程。课程的安排是:先从电商的基础运营业务讲起,然后讲解重要的数据指标与分析方法,最后讲解实际工作常用的数据分析实例。"

Alex 稍微停顿一下,留足了时间让两人先过一遍这份课程目录。

"这套课程可是我多年工作经验的成果,我想它会帮助你们在数据分析的道路上少走许多弯路的。"Alex 将视线在大白与叶子的脸上分别停留了几秒,给两人传递着信心与鼓励。

在课程表上来回扫了两遍,两人终于回过神来,"哈哈,我们的工作从学习开始,这真是太酷了。"

叶子拿出手机,要将课程目录拍下来。Alex 阻止了她,说等会就可以把表格发邮件给两人。"加油吧!两位。我们的第一堂课就从明天开始。"他最后用一句鼓励的话,结束了这次谈话。

大白和叶子带着掩藏不住的喜悦走出了 Alex 的办公室,叶子起身时还被椅子绊了一下,显然仍有些激动。

| 第 1 章 |

建立电商运营的"上帝视角"

作为全书的第一章,本章主要从宏观角度讲解有关电商运营的重要业务知识,分别会从电商的零售本质、渠道属性、活动节奏、说服逻辑,以及购买路径等不同角度,为读者揭示有关"电商运营"那些必须知道的事。目的在于帮助数据分析师们培养电商运营方面的"上帝视角",以便在日后的数据分析中,能够做到有的放矢。

第 1 课　服装与电商发展近史

第二天,大白和叶子提前 10 分钟走进预约好的会议室。仔细观察会议室的布局后,大白引领着叶子坐到了正对白板的办公桌的一侧,然后打开空白的笔记本,做好了记录的准备。

此时,Alex 也走进会议室,他一只手提着笔记本电脑,另一只手端着茶杯,步履轻松地走到两位年轻人面前。

"下午好,两位",Alex 向两人打着招呼。"今天是带教课程的第一课,我们先从服装行业与电商的发展历史讲起。"

Alex 刻意以平和而缓慢的语气开场,让叶子和大白绷紧的大脑神经放松下来,帮助他们慢慢进入状态。

在大白的帮助下,Alex 把笔记本电脑与会议室的投影仪连接好,然后开始了今天的第一节内容。

"首先,我们来看看最近十几年,国内的服饰市场发生了哪些变化?"Alex 以手代笔指着投影出来的图表(见图 1-1)向两人说道。

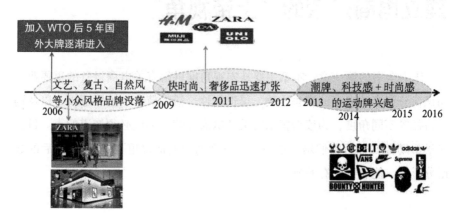

图 1-1 最近十几年国内服装市场的发展历程

"纵观最近十几年,国内服饰的电商发展可以分为四大阶段。"

第一阶段:2000 年~2006 年,文艺风、复古风、设计师品牌等小众风格的春天。

第二阶段:2006 年~2009 年,国外大牌 ZARA 等进入国内,并开始渠道布局。

第三阶段：2009年～2012年，快时尚品牌UNIQLO等进入快速发展期。

第四阶段：2013年～2016年，潮牌、融合科技感的运动品牌这类宣传自我个性的品牌兴起。

大白与叶子目不转睛地盯着PPT，两人虽然有些好奇Alex为什么不讲解数据分析的技巧与电商的业务，但此时也被服装企业发展史所透露出来的故事给震撼到了。

叶子更是如此，她已经身处服装行业三年了，但此前从来不知道服装行业原来还有如此精彩的故事。随着Alex的讲解，她逐渐脑补出来一幅残酷的竞争与淘汰场景：

"在国外大牌没有加入国内服装市场之前，森女风、文艺风、田园风、原创设计师品牌等迎来了绝佳的发展时期，它们快速扩张与开店，分割着市场蛋糕……但是好景不长，自2006年ZARA进入中国后，便像打开了潘多拉的魔盒，国外服饰大牌纷纷进驻中国，并且积极布局一二线重点市场。小众风格品牌服装刚刚走向巅峰便迅速滑坡。而UNIQLO、H&M、MUJI等快时尚以及奢侈品则在积极布局的后三年迎来了大爆发，于是又挤掉了一大批国内服饰品牌的市场份额，如欧美风、传统体育品牌等。然而，商业的战场上同样没有常胜将军，因为消费者的需求与喜好总是会与时俱进的。所以，在2012年左右，快时尚与国际大牌也不可避免地逐渐没落，随之崛起的是代表新兴消费观念的潮牌，以及融合了科技与时尚元素的运动品牌。"

叶子的思绪纷飞，Alex的声音却再次将她拉了回来。"为什么要和大家讲解服装行业的发展史呢？"Alex自问自答，"便是希望大家能够明白'周期'的概念。"

"服装行业最重要的特点是周期——服装的生命周期、风格的生命周期，就连时尚趋势也是有生命周期的。理解了'周期'的概念后,我们的数据分析就会在宏观层面更具指向性。"

现在连"外行"的大白也理解了这幅图的意义所在。大白本来就擅长宏观层面的分析,一开始他以为"观史知今,而知进退"是这幅图所传达的意思。此时听 Alex 强调"周期"后,才明白原来 Alex 是要借此让他们明白服装行业中周期的重要性。

看到大白与叶子都露出恍然大悟的神情之后,Alex 将 PPT 翻到了下一页,呈现在两人面前的是另一幅类似的图片(见图 1-2)。

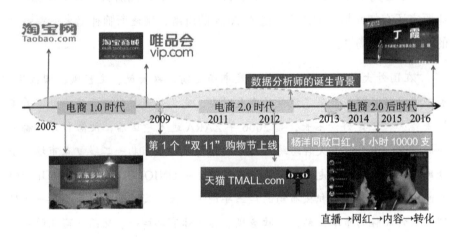

图 1-2 国内服装电商的 12 年发展历程

看到这幅名为"国内服装电商 12 年发展历程"的图片,大白与叶子两人同时盯着图片认真看了起来。他们明白,这就是正式接触电商的第一课,要学习电商,首先就要熟悉电商的历史。这样才能"观史知今,而知进退"。

Alex 等两人把图表浏览完了一遍之后,才开始讲解。"国内的电商起步很早,最早的历史可以追溯到 1999 年易趣网的成立。但是业内一般将 2003 年淘宝网的成立,称为电商发展的元年。从 2003 年至 2016 年,我个人将电商归类为三个发展阶段。"

第一阶段：2003年～2007年 电商1.0时代[流量为王]

淘宝网于2003年成立；京东于2004年从线下转型为线上，并于2007年正式更名为京东商城。在这一阶段，电商处于C2C的时代，主要以草根卖家为主，运营方式也以刷单、打爆款、砸推广这样简单粗暴的手段为主。

第二阶段：2008年～2013年 电商2.0时代[数据化运营]

2008年，以淘宝商城与唯品会的成立为标志，电商正式跨入2.0时代——B2C时代。由于淘宝商城与唯品会是B2C平台，再结合2008年金融危机所导致的大量服装库存的大背景，因此许多传统服装品牌在这一阶段纷纷加入电商大军。由于正规军的进入，电商的运营逐渐趋向规范化和体系化。天猫平台也在"正规军"商家的逆向驱动下，认真钻研服装行业的独有周期特性，并且完善和规范了一系列的运营体系。如在4月开启连衣裙节，5月开启T恤节，9月开启风衣节等，而最具标志性的，则是在双11和双12开启的年终大促。这两期大促为所有服饰商家提供了一年两个大季节库存清洗的绝好时机。

值得一提的是，受到"正规军"商家的正面影响，平台与商家一致倡导"把控服装品质""提高新品销售""追求销售利润"等正面的零售理念。于是，"精细化运营""数据化运营"的概念应运而生。数据分析师与数据分析技能便成为电商运营的重要拼图。

第三阶段：2014年～2016年 电商3.0时代[内容营销]

从2014年开始，由于平台流量增长缓慢、头部与腰部商家集中等综合原因，天猫开始提出"内容营销"的口号，并且结合视频直播、VR技术、网红号召等多种形式，为电商卖家打开新的营销思路，以便在流量稳定的情况下，提升商家的成交转化率。其中较为典型的案例是影视明星杨洋在某口红品牌的直播中，为粉丝亲自描口红。此款口红被封为"杨洋同款口红"，并由此带来了一小时 10000 支口红的销售奇迹。

同样值得一提的是，内容营销给商家带来的一个普遍影响是：所有商家都更加重视电商店铺的视觉效果，商家们在页面结构布局、顾客访问路径优化等方面有了很大的提升。

Alex 时而用手指轻点投影屏幕，时而面向两人娓娓道来。当他话音刚落时，叶子与大白激动地鼓起了掌，"哇，老板。你讲得太精彩了！""好专业呀！"

第 2 课　数据分析不是"造火箭"

本节课主要普及电商数据分析师的工作职责，以及电商数据分析的基本流程。目的是帮助数据分析新人们完成破冰之旅，不要带着恐惧"下水"。

什么是电商数据分析师

经过两天对新环境的适应，叶子已经找到了一种新的上班节奏：她早上 8 点 40 分左右赶到办公室，放下挎包后先把办公桌用湿布擦干净，再用纸巾把水吸干，然后洗好茶杯并用开水泡好当天的第一杯花茶，最后打开电脑，开始一天的工作。

这两天，Alex 对大白与叶子采用"放羊式"的管理方式，没有给两人安排任何实质性的工作，只是让他们多逛天猫、京东、淘宝的店铺，同时多看看部门文件夹中的一些历史数据报告。

下午 2 点，还是在昨天的那间会议室中，三人开始了第二节课程。

"经过两天的熟悉和观察，你们知道什么是电商数据分析师了吗？"Alex

向两人提问。

这问题有点犀利，叶子把眼光转向大白，示意让他先回答。

"嗯，我认为电商数据分析师，就是利用一些专业的数据工作与逻辑思维，从数据层面为电商店铺提供某些参考意见与支持。"大白习惯性地先沉思了几秒，然后回答。

Alex 眼光从大白与叶子脸上扫过，见叶子没有要补充发言的意思，于是接着说，"大白的解释，从某种意义上来说是正确的。"

"再具体一点，数据分析师是把'运营、数据、工具'这三种能力综合运用，为电商店铺运营解决某一具体问题的职业。"

Alex 转身用大头笔把"运营、数据、工具"写在白板上。然后简单地画了一个思维导图（见图 1-3）。

"一名合格的数据分析师必须有这三方面的能力：懂运营业务、有结构化思维、精通一两门数据工具。"Alex 向两人详细地解说了数据分析师的职能，这也是向他们提出新的要求与标准。

随后，Alex 又向叶子与大白提出如何修炼三种能力的具体方法。"运营头脑，就是指要能够从运营的角度来思考数据问题。要达到这一层次，需要从平台、店铺、竞品三个方面长时间研究学习；数据思维……"

两分钟后，Alex 结束了细致的讲解。

他喝了口茶，看到两人并没有疑问，于是开始下一个话题。

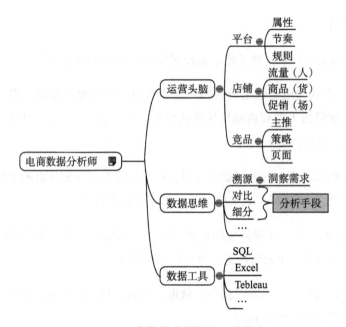

图 1-3　电商数据分析师的三种能力

数据分析的四大步骤

"那么，数据分析师怎样才能完成一份完整的数据报告呢？"Alex 继续向两人提问，并有意停顿了 1 分钟，让两人仔细思考。

这一次，叶子与大白对视了一下，两人同时摇头，表示回答不了这个问题。

Alex 将投影仪连接上电脑，洁白的墙壁上很快显现出一幅简单的鱼骨图——"数据报告加工流程"思维导图（见图 1-4）。

这幅图很简单，主要的内容都已经用文字摘要出来了。所以 Alex 并没有给两位新人留太多时间琢磨，便直接开始讲解起来。

要完成一份数据报告，通常我们要经过这些步骤。

第1章 建立电商运营的"上帝视角"

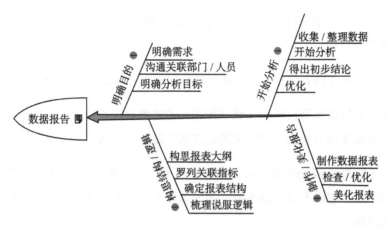

图1-4 数据报告加工流程

1）明确目的：做任何数据分析之前，我们必须先了解本次数据分析的目的是什么。是诊断，还是预测，或者是总结？

2）构思结构/逻辑：针对本次分析的目的，我们需要从哪些角度来构建数据分析逻辑？用线性式的因果逻辑，还是用分布式相关逻辑？

3）开始分析：确定了报表的说服逻辑之后，本次分析需要用到哪些维度的数据？取值范围与口径是怎样的？这些数据能够得出什么样的结论？这些问题都需要在数据分析过程中考虑，最重要的是，对每次整理好的数据都要进行结论验证。

4）制作/美化报告：对整理好的数据进行取舍，按报表的说服逻辑排序，并编写相关文字观点；报告的最终目的是让读者接受你的观点，而不是仅仅把报告发送给对方，并写上"请阅"两个字。所以，适当的美化，让报告更具有可读性，是非常有必要的。

Alex讲完后，轻轻端起桌上的茶杯喝了一口茶。

今天的课程并不难，Alex只是想通过这些简单的内容让两位之前从来没有接触过电商数据分析的"小白"完成破冰之旅,并建立起对电商数据分析师的概念与认识。

在叶子与大白表示对今天的课程没有问题之后,Alex宣布课程到此结束。

大白积极地跑到白板面前就要把刚画的思维导图擦掉。叶子连忙把他叫住,她拿出手机要先拍个照,美其名曰这是做"电子笔记"。

三个人神情轻松地走向办公室,叶子和大白还在想,"原来电商数据分析真的不难!它既不像'造火箭'那么深奥难懂,也不像'表哥''表姐'那般枯燥乏味。"

第3课 电商运营就是"开飞机"

本节课主要讲电商数据分析以及电商运营的基础理论,分为"一个公式"和"飞机模型"两块内容,希望从宏观层面帮助读者快速建立起对电商运营的上帝视角。

电商的本质是零售

今天是叶子和大白入职的第7天,Alex约了他们进行带教课程的第三节课程。

Alex带着一台笔记本电脑、两只大头笔、一个泡好茶的陶瓷杯走进了预约好的会议室。这好像成了他进会议室的标配。

叶子和大白已经提前在会议室等候了,白板擦得干干净净。Alex眼睛扫了一下桌面,叶子面前的笔记本已经打开,翻到了新的一页,可以看到,笔记本的最上面一行,依稀写着今天的日期和一两行字;大白的笔记本则折叠好封面朝上,端端正正摆在他的面前,黑色圆珠笔笔尖朝下,紧密靠在笔记本的右侧。

Alex 心里闪过一个念头，叶子已经做好了全情投入的思想准备；大白则充满了仪式感，对这次讲课十分期待，庄严而又紧张。

"下午好，两位。"Alex 面向两人说，"上次课程中，我们讨论了电商数据分析师的三种能力，与制作数据报告的四大步骤。今天的课程，我们来讨论什么是电商，以及电商的运营机制。"

"你们知道什么是电商吗？"Alex 向两人提问。

"电商是一个销售渠道。"叶子率先回答。

"电商是一个平台，它集合了许多品牌与消费者。"大白补充道。

"嗯，你们说的都对。电商是平台，是因为它充斥着各种必须遵守的平台规则；电商是渠道，因为它给品牌带来了在网上交易的新机会。不过我还有一个答案。"

Alex 保持了一点神秘感，他没有往下说，而是转身在白板上写出了答案——"电商 = 零售，零售 = 成交"。

Alex 继续说："你们仔细观察就会发现，公司所有部门、所有人都是围绕'成交'两个字在转。比如：网站的页面设计要尽量满足用户使用习惯，活动策划要戳中用户痛点或是利益点，广告投放要选择精准的用户群体，商品配发要符合用户需求，包括我们所做的数据分析报告，也要以提升销售为目标。"

"所以，在数据分析之前，我们首先便要记住：所有的数据分析，都要以辅助运营、提升业绩为目标。"

大白和叶子把"电商 = 零售，零售 = 成交"写在空白笔记本的第一页。

这也是他们记录的第一条听课笔记,上一次听课时两人采用了偷懒的"照片笔记"的方式。

一个公式,三个指标

看到两人记好笔记后,Alex 继续讲解:"OK,接下来我们进入今天的第二个课题。"Alex 转身在白板中央写了一个简单的算术公式(见图 1-5)。

$$UV \times 转化率 \times 客单价 = 销售额$$

图 1-5　电商分析最基本的公式

在 Alex 郑重其事的书写过程中,叶子同步把这个公式念了出来。

"这个公式是所有电商数据分析的基础!任何一位电商人,上至电商总监、下至电商运营助理,都应该把这个公式背下来,并且能够随意拆解、信手拈来。"Alex 注视着叶子与大白两人说。

直到叶子与大白被盯得有些不自然,眼光不自觉地往旁边躲开的时候,Alex 才继续问两人:"UV 与转化率的概念两位都明白吧?"

"UV 就是访客,转化率就是买单人数与访客的比值。"叶子机械式地回答。

"OK,那么下面我们便通过两个应用实例,来学习一下这个公式的具体应用。"

1. 监测店铺运营状态

"首先,UV、转化率、客单价这三个指标可以用来监测店铺运营状态。这是第一种用法。"Alex 一边用大头笔把这三个指标圈起来,一边对两人讲解道。

在电商店铺的持续经营过程中，这三个指标应该是一个相对稳定的数值，如果什么时候数值突然增大或者变小了，便一定是店铺在运营中出现了某些异常行为所导致的。

"下面我举个简单的例子"，大卫随手在白板上画下一个数据表格（见表1-1）。

表1-1 店铺运营状态基础诊断表

	销售额	UV	转化率	客单价
实际	4 090 000	1 780 000	0.54%	516
达成率	84%	75%	102%	104%
环比	⬇ −20%	⬇ −23%	⬆ 8%	⬆ 5%

"假设这是我们店铺2月份的销售数据，两位可以看出这个月业绩没有达标的原因是什么吗？"Alex向两人提问。

"UV不达标。"大白抢先一步回答。

"那么，UV为什么突然下滑了？"Alex继续发问。

大白与叶子同时沉默，回答不上来。

"我们可以发现,UV环比下降了23%，这说明UV是突然下降的。"Alex继续帮两人推理,"那么，为什么会突然下降呢？——是网页服务器坏了，还是广告投放有问题，或者是因为上个月做了超大型的活动，而本月却没有所导致的？"

Alex看到两人沉思而接不上话，于是为两人总结道："具体原因，我们通过这个表格是发现不了的，需要通过更多的数据与信息才能判断。然而，最主要的是，我们需要掌握这种方法——根据某一指标的异常波动来找到销售异常的原因。"

"哦，原来是这样。"两人同时明白了 Alex 想要表达的意思。

"以我们的天猫旗舰店为例，我们店铺在天猫上已经是 5 年老店了。因此各项指标数据已经基本平稳。比如 UV，在没有店铺促销活动的前提下，我们店的 UV 应该是日均 2 万左右，转化率是 0.54% 左右，现在是夏季，客单价应该是 360 元左右——掌握这些指标值的意义在于，当我们突然发现店铺的指标值不正常时，便应该引起警惕并且尽快找出原因。"Alex 最后把自家店铺的指标值告诉两人，并且嘱咐两人要记下这些指标值。

大白和叶子低头在笔记本上潦草地记录着 Alex 刚刚说过的数字，生怕手慢漏记了一些。此刻他们稍稍体会到了数据分析师的魅力——数据分析师原来这么神奇，通过几个指标值，就能知道店铺的经营状况是否健康。这就好比三甲医院的主任医师一样，只要看一下检验报告上的指标，就能判断病人生了什么病，并且对症下药。他们崇拜地望着 Alex，心想，自己什么时候才能达到这样的境界呢？

2. 制作年度运营目标

Alex 没有发现两人散乱的心思，他继续讲解第二个应用案例。

"这个公式还有一个神奇的用法，那就是用来做销售预测，以及制定年度销售目标。"

"从数学的角度分析，这是一个纯乘法公式，也就是说，销售额是一个乘积。UV、连带率、客单价三个因数，与销售额成正比。当三个因数中的每个因数都有细小的变化时，对销售额就会产生巨大的影响。这就是数学上的乘积效应。以我们公司的天猫店为例，例如我们的转化率能够从 0.45% 提升到 0.46%，也就是提升万分之一，而客单价提升 5 元，我们的最终销售会提升 3.6%。"

"利用这个原理，我们便可以根据各项指标的增长（或负增长）趋势，来预测来年的销售额。然后与财务目标，以及公司的商品与推广策略去匹配，便能大致预测我们的销售增长是否符合公司预期。如果符合，我们的增长点体现在哪些指标上面？对应的这些指标是哪些业务部门在负责？他们在来年有哪些举措来确保这些指标的增长；如果不符合，又是哪些指标的增长达不到公司要求，是什么原因导致的？原因是否合理……"

Alex 边说边在刚画好的表格中标注一些向上或向下的箭头，表示将某个指标上调之后，给其他指标带来的联动影响。

尽管如此，叶子和大白还是听得云里雾里，Alex 只好用实际的数值推演了一遍，这才让两人大概理解了"乘积效应"的意思。

"可是，我还是不知道怎样利用这个公式来推演销售目标呀？"大白补充道。

Alex 开玩笑地对两人说："放心。我当然不会要求你们现在就能制定销售目标。这需要丰富的数据分析经验。现在只是先给你们埋下一颗种子，等你们在实际工作中持续地学习和总结以后，慢慢就会建立起自己的数据预测体系。"

大白与叶子对视一眼，报以无奈而轻松的笑容。

一个飞机模型

在休息了 5 分钟之后，Alex 把叶子和大白从自由讨论拉回到课程中，他已经利用这点时间把白板擦干净，并且画出了一幅漂亮的正在飞翔的飞机模型图（见图 1-6）。

一味的说教容易让两人犯困，Alex 决定让两人参与到课程中一起讨论。因此对休息后恢复了一些精神的两位年轻人说："现在我要考考你们了，有谁知道咱们事业部有哪些业务部门吗？"

图 1-6 飞机模型简图

"我知道,有设计部、商品部、运营部、市场部、客服部、财务部……"叶子抢着回答。

"还有我们自己部门,商业智能部。"大白笑着补充道。

Alex 把这些答案都写在飞机图的左侧。

1. 设计部

2. 商品部

3. 运营部

4. 市场部

5. 客服部

6. 商业智能部

写完后不忘对两位年轻人表示肯定。"是的,核心职能部门就是这些,其他诸如人事部、财务部之类的公共职能部门,我们暂时不考虑。"

大白和叶子看着飞机图,又看着左边的部门清单,有些猜到了 Alex 的用意。大白兴奋地问到:"接下来我们要把部门名称,写到飞机模型图上面去吗?"

"对的,像这样就行了。"Alex 在飞机模型上,用笔标注了几个线条(见图 1-7)。

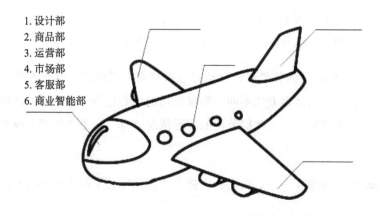

图 1-7 标注了线条的飞机

然后问大白和叶子:"如果把我们整个事业部比喻为一架飞机,把这些部门与飞机的驾驶舱、机翼、机身、尾翼一一对应,你们会怎样填?"

叶子是直线条思考型的。听完题目后毫不犹豫地回答:"商品部是驾驶舱,运营和市场部是两个机翼,设计部是尾翼,客服部是机身。"

大白则显得比较冷静,他在叶子回答完后,缓慢地说道,"我认为运营是驾驶舱,商品和市场是两个机翼,商业智能部是机身,设计部是尾翼。"

说完这些,大白又插了一句:"老板,我有个问题。为什么我们有 6 个部门,但图中只有 5 个线条?"

"是呀,那么,多出来的一个部门既然不在飞机上,应该是什么呢?"

……

Alex 笑而不语，看着两人讨论。

两分钟后，看到两人已经停止了讨论，正在各自的笔记本上画着飞机模型。于是决定为他们揭晓谜底。

"画飞机模型的目的，是为了帮助你们从全局角度认识电商企业的整体运营，也就是我常说的'上帝视角'。一名优秀的数据分析师必须具备上帝视角，才能洞察数据背后的业务痛点，让数据真正产生价值。"

"关于飞机模型的各个部件分别对应哪些部门的问题，这个并没有统一答案，每家公司的运营方式不同，每家公司的核心竞争力也不同，所以这个问题没有标准答案。而从我们公司的实际情况来看，这个飞机图的模型应该是这样。"

Alex 稍微停顿了一下，在白板上把飞机模型完善了起来（见图1-8）。

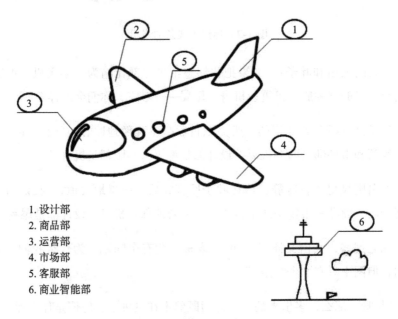

1. 设计部
2. 商品部
3. 运营部
4. 市场部
5. 客服部
6. 商业智能部

图 1-8　完善的飞机模型图

对于完善后的飞机模型，Alex 却没有留给两人过多的思考时间。Alex 接着解释道："如果把我们事业部看成是一架飞机，那么，运营部是驾驶员，他们负责根据外部（电商平台）的气候变化情况与飞机自身（企业内部）的健康状态进行匹配，选择最适合的飞行高度与飞机路线。商品部与市场部则是两个机翼，负责事业部在飞行过程中的方向选择。如果商品备货过重，则飞机会向右侧倾斜；如果市场推广费过高，则飞机会向左侧倾斜；如果商品部与市场部都失去应有的作用，则飞机失去双翼，就会变成滑翔机，只能随着机舱外风吹的方向前进。设计部是尾翼，负责飞机在飞行过程中的平衡，仔细想想，如果品牌的风格不稳定，是不是品牌就会陷入左右摇摆、飘忽不定的局面？业内就有许多品牌因为更换风格后导致业绩大跌的案例。至于客服部，不就是负责在机舱内照顾好已经登机的客人吗？"

Alex 喝了口茶，继续说："还有商业智能部，就是我们部门。商业智能部应该是飞行指挥塔。为什么呢？飞行指挥塔负责随时监测飞机内部的各项飞行指标，同时还要对飞行途中的外部气候做出准确的监测与预判，然后随时与飞行驾驶员沟通，及时提供飞行警示信息。"

"同样，我们商业智能部也要随时监测企业经营过程中的一切指标，包括商品、流量、销售额、利润等，并且还要监测外部的行业情报、竞争对手情报，然后针对这些数据进行分析，提交可供决策人员参考的运营分析报告。"

Alex 侃侃而谈了几分钟，看到两位年轻人边听边在笔记本上快速地记录着，于是他走到一边，给两人记录和消化的时间。

两分钟后，叶子与大白已经记录完。Alex 看了一下腕表，会议室的预约时间已经快到了。他最后对两人总结道："今天的内容就是这些了，主要是帮助你们建立对于电商运营的基本认识，通过一个公式，以及一个飞机模型图，让你们从一开始就能够建立起对电商运营的上帝视角。"Alex 停顿了一下，很快又强调，"这是非常重要的一课，只要把这两个框架记好了，并且在实际工作中不断实践，你们一定会以更快的速度成为'电商数据分析师'的。"

"谢谢老板。"叶子以欢快的语气向 Alex 表示感激。

"叶子，还不快拍照。"大白笑呵呵地提醒道，"等下我要擦掉了"。

第 4 课　在正确的渠道卖正确的货

本节课主要讲述三大电商平台的渠道属性与渠道组合，目标是让读者在数据层面认识到不同渠道之间的属性差异，以及围绕品牌特性该如何选择不同的渠道进行组合。

渠道就是"机关枪"

三天前，Alex 给叶子与大白布置了一个任务：让两人完成唯品会、天猫、京东三大渠道 Q1 季度的销售与退货分析，并且要在图表上以折扣带与新旧货的双维度显示出来。

经过一番艰难的探索以及两人多次的讨论之后，他们终于完成了，并且在今天上午用邮件的方式把作业提交给了 Alex。

很快，Alex 便邀请两人下午 3 点在会议室进行第四节课的带教。

在会议室中，Alex 将笔记本电脑连接上投影仪，并且打开了两人发给他的作业。

"叶子、大白，这份表格是你们制作的。那么，你们知道这些表格有什么作用吗？"

"这份表格是用来分析 Q1 季度中每个渠道的主销商品的，这样根据分析结果就可以在明年有针对性地备货与制订销售计划"。叶子大声回答道，显得非常有自信。

"大白，你看呢？" Alex 不予点评，反而接着问大白。

"呃，叶子说的应该是对的吧"，大白有些犹豫。

"难道我说的不对吗？"叶子心想，她盯着 Alex 希望能够得到解释。

Alex 则说，"我给你们讲个故事吧。"

在我刚进入电商行业的时候，我的上司是一位业内知名的操盘手。知名到什么程度呢？他曾被选为业内十大知名操盘手之一。

有一次运营会议上，他给我们讲解"什么是运营"时打了一个比喻。他拿双手比划着一把机关枪，射向了我们。

然后说，平台就像一把机关枪，嗒嗒、嗒嗒嗒、嗒嗒嗒嗒地不停向你们发射子弹，子弹就是流量。我们要做的不是躲避流量，而是要接住流量。那么你们能接住多少子弹呢？这就要求你们要了解机关枪的属性。它一个弹夹（一次销售高峰）有多少子弹？射程（访问深度）多少？射速（停留时间）多少？什么时候换弹（销售高峰什么时候结束）？

同时，还要了解品牌的调性。平台同时有很多把性能不一样的机关枪在发射子弹，那么根据我们品牌的调性与风格，我们去哪一把机关枪前接子弹的成功率最高？

最后，要了解商品的属性，用哪些商品才能接到更多的子弹？子弹就是流量，流量就是人，那么这把机关枪射击出来的子弹，它喜欢什么样的商品呢？价格高的，还是价格低的？开衫的还是不开衫的？雪纺的还是牛仔的？

只有理解了这三点，并且能找到正确的匹配，才是真正优秀的运营。

Alex 缓慢地讲着自己亲身体验的故事。

"上司的这个比喻一说完,在我脑子里像是响起了一声惊雷。当时,我的脑海里一直盘旋着'平台属性、品牌调性、商品属性'三个词语。从此之后,我开始琢磨究竟何为平台属性,何为品牌调性,何为商品属性?这三者之间又需要如何匹配?"

叶子与大白目前并不能完全理解故事所描述的场景与隐喻,但并不妨碍他们从 Alex 身临其境般的情感表达中体会到他当时的那种震撼。大白默默把"平台属性""品牌调性""商品属性"三个词记在心上,他想,现在记下来,以后多多思考,也许就可以像 Alex 一样有朝一日能够顿悟了。

故事讲完后,Alex 站起身来,用手轻轻拍打着墙壁上投影出来的表格(见图 1-9),"大白、叶子,让你们做这份表格的目的,便是想让你们明白天猫、京东、唯品会三个渠道的销售特性有什么不同,以及它们各自适合销售哪些不同的商品。"

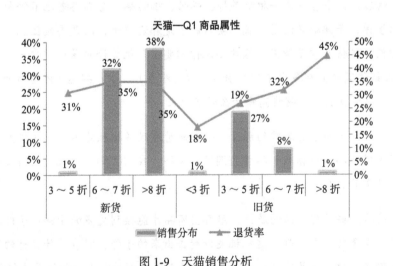

图 1-9　天猫销售分析

"这种表格的分析,就是我所领悟的'根据渠道特性匹配商品属性'的其中一种分析方法。"Alex终于向两人揭开了谜底。

叶子露出恍然大悟的表情,"原来这份表格是这样看的"。她重新打量着这份自己亲手制作的数据表格,试图用全新的思维模式去重新认识它。

等叶子和大白仔细看了一会这份图表后,Alex向两人提问:"现在,谁可以来解读一下这份图表吗?"

叶子抢先回答:"这份表是我做的。我先说一下它的制作方法:把商品分为新货与旧货,然后再按照相应的折扣带进行分析。图表中的方柱代表不同折扣带下的销售额,而方柱上的折线代表不同折扣中的退货率。这样的分析方法,可以找出我们品牌在天猫渠道中的主销商品来。"

"你可以说得更具体一点吗?"

"好咧,从这个图表我们可以得出以下结论:

1)天猫的新旧商品销售为7:3,就是说天猫是一个以新品为主的销售渠道(就是刚才所说的机关枪的特性)。

2)在新品中,天猫有一半销售是以接近正价,也就是大于8折的价格销售出去的。证明这家店铺的新品很被消费者所接受,因此判断,品牌调性与平台属性契合度比较高。

3)需要注意的是,这家店铺的新品销售中,退货率接近35%,这意味着这家店铺每卖10件新品,其中有4件可能被退回,我暂时还不能判断这个退货率与行业比较是不是正常,不过我个人感觉有点太高了。"

叶子说完后,Alex鼓起了掌,"说得很好。"然后Alex没有做过多点评,而是把投影翻到了下一页。仍然是一张图表,显示着"京东销售分析"(见图1-10)。

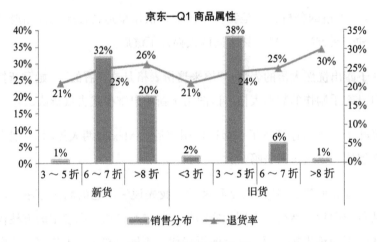

图 1-10 京东销售分析

Alex 说："大白，你来解读一下京东的这张图表吧。"

大白稍微停顿了一下，显然是在仔细看图，以及组织语言。

"从图表上看，可以得出以下几点。"

1）京东的商品新旧比接近 6:4，也算是以新品为主的销售渠道。

2）不过有些不同的是，京东的新品中，以 6～7 折商品销售为主，6～7 折的商品应该是处于商品生命周期末端的产品。所以，这个数据说明对于服装正价新品的消费力，京东不如天猫，也就是说，天猫以正价新品为主，京东以打折新品为主。

3）京东的退货率约在 25% 左右，这一点远远低于天猫的 35%。证明在同一单成交记录中，京东的经营成本要小于天猫。因为每一笔退货都会给品牌商带来售后、物流上的经营成本。

大白说完后，Alex 同样鼓掌表示了对观点的赞同，没有对大白的点评再进行补充，然后继续切换到下一张有关"唯品会销售分析"的 PPT 图表（见

图1-11）。

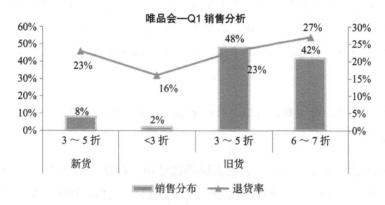

图1-11 唯品会销售分析

Alex接着说,"刚才你们分别说了天猫与京东的渠道商品属性,那么我就来点评一下唯品会的。"稍微停顿了一下,Alex继续说道。

"通过上面这个图表可以看出,唯品会的商品属性与天猫或者京东有很大的差异性。这种差异具体表现在以下几个方面。"

1）在唯品会中,新品的销售贡献不到10%,也就是说,唯品会是几乎完全以旧货为主的销售渠道。

2）在旧货中,唯品会的主销折扣带在3～5折,几乎占了总销售额的一半。3～5折的商品有什么特性?它们几乎是以微利的方式清仓出货的,对吧。所以,唯品会为需要清仓的商品提供了一个较好的销售渠道。

3）即使是清仓,品牌也不能不赚钱。所以,我们看到,在旧货中,还有40%的销售业绩来自于旧品6～7折的货。旧品卖到6～7折,自然可以给品牌提供足够的利润空间了。可是有个问题,这些货同样是旧品,为什么它们能够卖到6～7折呢?这是从旧品中精细挑选出来的比较应季的款式。

4）用商品运营的专业术语来讲，6～7折是盈利款，而3～5折是走量款。盈利款与走量款的销售占比能够达到4:5，这是品牌与唯品会平台之间达成共识的结果。简单来说，品牌方与唯品会平台的共同目标，就是"唯品会既让品牌达到清仓甩货的目的，又能保证品牌赚钱"。这就是唯品会的属性。

Alex说完，叶子和大白迫不及待地献上了更热烈的掌声。显然，他们听得很过瘾。

Alex抬腕看了一下手表，这次讲课已经用了将近1个小时。"很好，那么还有最后一个问题。"Alex有意考校一下大白，"大白，你来总结一下，天猫、京东、唯品会这三大渠道各有什么不同的属性？针对它们又需要制定哪些不同的商品运营策略呢？"

大白习惯性地用手抓了一下头发，"呃，首先，天猫渠道是一个适合新品销售的渠道，并且它的正价新品消化能力也很不错，所以，我们可以将新品的商品重点向天猫渠道倾斜；其次，京东渠道就显得比较均衡了，它的新旧货占比接近5:5，而且京东的新品销售集中在6折左右，说明京东平台的新品销售利润率并没有天猫渠道高，而且京东的旧品销售也可以占到50%的销售，说明京东同时也承担了一部分库存清理的功能；最后，唯品会的特征是最明显的，它本身就定位于一个专门做特卖的网站，所以我们往上面铺的货也几乎都是旧货，而且是超低折扣的旧货。"

"叶子，你认同大白所说的吗？还有没有要补充的？"Alex又向叶子抛去了问题。

"嗯，没有了。"叶子表示。

"OK，大白说得很全面。"Alex宣布今天的课程结束。

第 5 课　图解渠道的运营节奏

本节课主要讲述渠道的活动节奏。了解电商平台的活动节奏，是每位电商数据分析师必知必会的基本功。可惜的是，每个平台的运营节奏往往掌握在公司的运营人员之手，而许多公司的运营人员都把它视之为珍宝，宁愿束之高阁，也不愿拿出来与数据分析人员分享，给公司的数据分析工作带来诸多不便。

聪明的电商运营者会从平台运营节奏中，建立起自己品牌的运营节奏。给每一场运营活动标上重要等级，然后去计划相应的商品及推广资源。

认识服装行业的周期

这是叶子和大白入职第二周的周五，早晨上班的时候，两人就收到了"下午16点在二号会议室上课"的邮件。

二号会议室的朝西南的一侧全部是落地玻璃，因此在没有拉上窗帘的情况下，会议室里光线非常充足。

叶子和大白此刻坐在会议室里，期待着今天的课程。他们享受着夕阳照射在裸露的皮肤上的温暖，细细体味着这份难得的惬意。

Alex推开门走进会议室，在两人对面的位置坐下："在第一节课程中，我们曾经讨论了国内服装品牌最近10年的发展历程，并且由此得出服装行业最重要的特性，两位还记得是什么吗？"

"周期。"大白抢先回答。

"没错。"Alex以赞扬的眼光向大白表示认可。

"那么，今天的课程中，我们将沿着'周期'的逻辑，来探讨服装行业在电商平台中的运营节奏。"Alex用大头笔在白板上写下今天的主题——"运营节奏"!

"今天的课程非常重要,请两位一定要认真理解。有疑问的地方也需要及时提出来,大家一起讨论。"Alex 再次向大白与叶子强调课程的重要性。

留意到两人的目光已经聚集在自己身上,Alex 开始了课程的讲解。

"什么是运营节奏呢?首先要从产品生命周期讲起。"Alex 将电脑连接上投影仪,一幅产品生命周期图(见图 1-12)便出现在了洁白的投影布上。

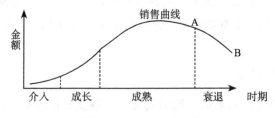

图 1-12 产品生命周期

"产品生命周期,两位应该都听过吧?任何一个产品在其销售过程中,都会经历'介入—成长—成熟—衰退'四个阶段。"简单介绍了产品生命周期的基础概念之后,Alex 继续引导两人进入深层次的思考,"那么,在服装行业中,产生生命周期在哪些地方被使用到呢?"

Alex 停顿了几秒,让两人稍加思考,然后把 PPT 翻转到下一页(见图 1-13)。

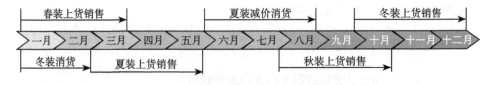

图 1-13 服装的季节性滚动生命同期

"在包括服装在内的零售行业中,几乎所有公司的零售策略、运营节奏都是根据产品生命周期来制定的。"

"譬如图 1-13 便是根据生命周期所演变过来的服装行业的季节性滚动的生命周期表，在这份表中罗列了全年 12 个月份中每个月份所适销的服装，以及在本月应采取的营销策略主题。"

Alex 看到大白与叶子都点头表示理解之后，于是推出了今天的重头"戏码"。"接下来是我们今天的重点课程内容——天猫与京东平台的运营节奏及背后的零售解决方案。"

天猫的运营节奏

"之前我们说过，电商也是零售。所以，天猫、京东等 B2C 电商平台的运营节奏，其实就是具有零售特点的一整套零售运营解决方案。我们先来看一下天猫的年度运营节奏。"Alex 说完后，轻敲键盘。投影幕布上显示着一份"天猫年度营销活动节奏"的表格（见表 1-2）。

"上表是天猫公布的年度营销活动节奏—商家版（一般由天猫小二发给各大品牌），我个人在原表基础上进行了一定的格式整理。对于所有电商商家而言，该表意义重大，它非常清晰地表达了天猫平台的年度运营节奏与计划。而电商商家便可以根据这份计划来安排自家店铺的营销计划与节奏了。"

Alex 说完后，示意两人先花 3 分钟仔细阅读这份表格。叶子和大白于是身体前倾，看向投影仪式中的表格。大白嫌投影表格的字体太小，自作主张站起来，走到投影幕布仔细看了起来。

Alex 喝了一口茶，然后站到了会议室的一侧，留给两人思考的空间。

三分钟后，Alex 看到大白已经回到座位上坐下，叶子也停下了在笔记本上的写写画画。于是走到投影幕布前，继续为两人解读这个表格。

表 1-2　天猫年度营销活动节奏

季度	2015Q1												2015Q2												2015Q3												2015Q4											
周期	1|2|3|4				1|2|3|4				1|2|3|4				1|2|3|4				1|2|3|4				1|2|3|4				1|2|3|4				1|2|3|4				1|2|3|4				1|2|3|4				1|2|3|4				1|2|3|4			
月份	1月份				2月份				3月份				4月份				5月份				6月份				7月份				8月份				9月份				10月份				11月份				12月份			
营销节点 (SS)	年货节				过年不打烊				春上新				夏上新								春夏清仓								秋上新								冬上新				11.11				12.12			
品牌合作 (S)									品牌合作				品牌合作				品牌合作				品牌合作								品牌合作				品牌合作				品牌合作				品牌合作				品牌合作			
风格&主题 (A)	女人万岁·过年装备								就是正"m all 买"				15新冬时装周				主·夫的会！								我的亮晶晶				秋意设计师				16春夏时装周												我是唯一			
品类&搭配 (B)	全品类清仓								早春品类				连衣裙1				连衣裙2				母亲节·毛衣·父亲节				泳装								风衣				派·羊绒衫				毛呢外套							

"我们首先看天猫的活动类型与级别。我个人把天猫的活动分为四大级别。"

1）SS级是指天猫平台方策划的最大型营销活动。这其中包括双11、双12等重磅活动，也包括"春上新""春清仓"之类的服装生命周期相关的主题活动。实际上，SS级活动的名称，被称之为"服装节点"，也正是因为这些活动都是根据服装的生命周期规律来制定和策划的。从这个意义讲，双11、双12的核心本质就是秋冬大清仓。

2）S级是天猫平台特意留出来的一些可供品牌合作的空白活动档期，如××品牌日、品牌周年庆等活动。S级活动一般会配备品牌团资源，天猫也会从各个渠道优先将资源分配给正在做品牌合作的商家。那么，品牌如何选择是否参加，以及在什么时候、以多大的力度参与这种S级活动呢？这就要根据品牌方的业绩需要，以及其他资源是否能够匹配的具体情况来确定了。

3）A级活动是天猫平台方根据不同风格的品牌主动策划和包装的不同主题的活动。如"就是在mall买"是一场针对线上线下同款的O2O主题的品牌活动，"独爱设计师"是为了凸显设计师品牌的主题活动。商家参加这些活动需要先报名，入围后天猫才会匹配相关资源、预估会场流量等。

4）B级活动是天猫平台根据不同服装品类而主动策划和包装的一系列活动。如"连衣裙节""T恤节"等。有些以某一品类为主打的服装品牌会对这一系列活动十分看重，比如有个品牌是以连衣裙或大衣为主打产品，那么这个品牌一定会想方设法在连衣裙节或大衣节的活动中，拿到更好的会场资源。

需要注意的是，这四大分级并不是绝对的。譬如某品牌为了在某个A类或者B类活动中完成冲击业绩的目标，此时往往会选择在做活动的同时，再叠加一个品牌团。此时，A类活动或者B类活动就会成为这个品牌的S级活动。这就是商家的营销节奏了。"

Alex 花费了将近 10 分钟，才把这份表格详尽地介绍完。

"哇哦，原来天猫平台的活动里面还有这么多套路呀。"大白感慨道。

而叶子所受到的震撼与冲击则更大，"原来这就是电商的商品运营规律，这一套体系一点也不比传统服装品牌中的商品运营体系差哦。而且由于双 11、双 12 等超级大促销活动的存在，这套体系对于商品流动性管理的兼容上反而比传统模式更显得合理。"这么一想之后，叶子发现自己不经意之间，好像发掘到一处巨大的宝藏，狂喜之中，她忍不住笑了出来。

"怎么了，叶子？"Alex 和大白奇怪地看着她。

"老板，我发现线上的商品运营逻辑一个非常优秀的地方，它甚至比线下已经成熟的那套商品体系更加完美。"叶子雀跃地大声说着。

"是吗，快说来听听。"

"嗯，是这样的。在天猫的这份活动规则表格中，它把营销活动细致地规划到了每周的时间维度中，并且在每周应该做哪些品类的营销，以怎样的主题来营销都有了前瞻性的规划。其实，这些节奏与线下的商品运营体系很类似，对我而言，并没有多少新意。"叶子说到这里的时候，技巧性地停顿了一下。看到 Alex 与大白的眼光都停留在自己身上后，她继续说。

"让我觉得惊奇的是，在电商平台中，由于有了双 11、双 12 这两个超大型的促销活动，所有服装行业的电商卖家们在商品的调配、折扣控制，以及流动性上有了比线下更多的运营空间。举个简单的例子，有一批新品上市，按照正常的逻辑，6 周之内这批商品都要保持正价销售，假设 6 周之后这批商品的消化率不及预期，此时，如果是在线下渠道，就必然会对这批商品进行折扣让利，并且折扣的力度有可能还会高于之前的预期。但是，在线上渠道，由于在后面还有双 11、双 12 这样的超级大促销活动的'保驾护航'，所以这批商品就可以在第 7 周按照既定的折扣销售。这就是我所理解的，线上的体系比线下更加具有灵活性的表现。"

说到这里，Alex和大白都已经理解了叶子想表达的意思了。

"叶子，你好棒哦。"大白鼓掌向叶子表示钦佩。

Alex口中不说，但心里却在想。看来面试的时候，挑选了叶子真是一个正确的选择，能够从线下的商品运营体系中来理解和学习线上的运营体系，并且能够深入思考两者之间的不同。这就是叶子的价值体现呀。

Alex也跟着大白一起鼓掌，"嗯，叶子说得不错呀。既然叶子说到了传统的线下商品运营体系，那么我再补充一点，这样可以让大白对商品的运营理解更深刻一点。"

"我们把图1-10和表1-2放在一起来观察，就会发现一个规律。这个规律在服装行业有一定的普遍性，圈内有一句口诀可以把这个规律记下来，就是'7减8清9上新'。意思是，7月是春夏装减价促销的月份，8月是清仓大促销的月份，9月便开始秋冬款的上新。继续研究，你们会发现，这个规律贯穿了天猫整个年度营销活动的节奏之中。"

Alex在说"7减8清9上新"口诀的时候，发现大白慌忙地在笔记本上记录着，而叶子只是认真地听，却并没有记录，于是明白这些规律叶子是早已明白了的。

长时间的讨论让大家都有些累，Alex示意大家先休息一下，他把落地玻璃前的窗帘拉开，让窗外的阳光再次透了进来。温暖的阳光，让叶子和大白开始兴奋地闲聊起来。

京东的运营节奏

五分钟后，Alex走到窗户前，把窗帘拉上，于是会议室的整个空间又被LED灯泡带来的白炽灯光重新填满，叶子和大白的讨论随之慢慢停下来。

Alex 走到投影幕布下，用激光笔翻到了下一页图表，幕布上显示着标题——"京东年度营销节奏"（见表1-3）。

有了上一个表格的经验之后，Alex 注意到两人在阅读这个表格时，比上一个表看得更细、更慢。他耐心地等待着两人。直到两人的目光都已从墙壁上拉回来，才笑呵呵地向两人提问，"怎么样，你们发现了哪些玄机呀？"

叶子兴奋地举手回答："我发现总体来说，两份表格的逻辑比较类似，不过京东的活动显得更细，好像没有天猫那样有章法，比如……"

大白补充道："我发现另一个比较特殊的问题，天猫平台的年度计划中有一个'品牌合作'的分类计划，这个可以理解为平台给某些品牌提供的特别支持的机会，而且计划的重要级别为 S 级，可以看出这是一个重要的活动资源。但是，在京东的活动规划中没有发现类似的营销安排。而且……"

Alex 只是笑呵呵地看着两人发表观点，也不参与，让两人自由讨论。

5 分钟后，两人自发停止了讨论，Alex 于是接过了发言权。

"刚才的讨论很棒，你们都发现了一些很好的规律。那么，我在你们的基础上，把讨论的内容总结一下。"

1）京东的活动分为三大级别，这个与天猫的四大级别的划分逻辑类似，这里就不再详细描述了。

2）京东的营销活动有个特点，就是重要活动是呈现"一头一尾盆地状"策划的。比如"双11"之后，紧跟着会出现一个"双11返场"的活动，而"圣诞活动"也是"双12"的返场活动。这样策划的结果，就会使商家呈现出"两头高，中间低"的盆地式销售趋势。而天猫则是"倒三角形"式的销售趋势。这个区别呈现出来的特征是，天猫的活动流量是有计划地爆发式分配给商家的；而京东的活动流量是按计划均分式分配给商家的。

表 1-3　京东年度营销节奏表

季度	优先级	2015Q1											
周别		1	2	3	4	1	2	3	4	1	2	3	4
月份		1月份				2月份				3月份			
服装节点	A+					春节不打烊				女人节		318爱逛街	
特殊活动	A+												
上新&促销	A					春上新1				春上新2		春上新3	
节日&话题	B						情人节			女人节			踏青休闲季1
品类	B										连衣裙1		

季度	优先级	2015Q2											
周别		1	2	3	4	1	2	3	4	1	2	3	4
月份		4月份				5月份				6月份			
服装节点	A+	衬衫节(男\自营)			出游季		夏装热卖			京东618			
特殊活动	A+									618之少淑少女品牌	618之成熟品牌	618之国际组	618之设计师、潮牌
上新&促销	A	春促销1	夏上新1		夏上新2	春促销2	夏上新3	夏热卖1	夏热卖2	春夏清仓1			春夏清仓2
节日&话题	B	愚人节	休闲季2	通勤必备	劳动节休闲		母亲节辣妈		儿童节亲子				
品类	B		衬衫	连衣裙2			连衣裙3		T恤1		连衣裙4		T恤2

季度	优先级	2015Q3											
周别		1	2	3	4	1	2	3	4	1	2	3	4
月份		7月份				8月份				9月份			
服装节点	A+						2015秋冬走秀			金秋风暴			
特殊活动	A+					秋冬show少淑/成熟	秋冬show国际/潮牌						
上新&促销	A		夏清仓3		秋上新1	秋上新2			夏清仓4			冬上新1	
节日&话题	B		度假也有范			七夕节		开学季			教师节	休闲季3	中秋节
品类	B	防晒/针织衫	连衣裙5		T恤3		连衣裙6	T恤4/针织1	羊绒衫1	针织衫2	连衣裙7	皮衣1	羊绒衫2

季度	优先级	2015Q4											
周别		1	2	3	4	1	2	3	4	1	2	3	4
月份		10月份				11月份				12月份			
服装节点	A+	双10/保暖季				双11			双11返场	双12			圣诞活动
特殊活动	A+					双11之少淑品牌	双11之成熟品牌	双11之国际组	双11之设计师潮牌			大牌折扣季	
上新&促销	A		冬上新2	秋清仓1			冬清仓2			秋冬清仓1			秋冬清仓2
节日&话题	B	国庆节			万圣节				感恩节			休闲季4	
品类	B	大衣1	羊绒/针织3	羽绒/裤子1	皮衣皮草2	大衣2/连衣裙8	羊绒4/裤子2	皮衣皮草3	羽绒2/连衣裙9	羊绒5/大衣3	裤子3/皮衣皮草4	羽绒3	连衣裙10

3）京东营销活动节奏的另一个特点是，没有像天猫一样，留给商家明显的"品牌合作"机会。在天猫的营销节奏表（表1-2）中我们可以清晰地看到，天猫全年给所有商家留了13次品牌合作的机会，包括这13次品牌合作分布的时间节点都列得很清楚。而京东的营销运营中有关"品牌合作"的策划并没有体现出来。当然，这并不是说京东平台上没有品牌合作式的营销机会，而是从侧面说明了，京东平台的营销活动策划可能没有天猫那么严谨。

因为之前已经充分讨论过了，叶子和大白很轻松地就理解了Alex所总结的内容。

时间在轻松的氛围中过得很快，转眼下班的时间就要到了。Alex抬腕看了下手表，把手中的激光笔放下。

"最后，我要给你们布置一道作业。请两位回去后，把这两份图打印出来，然后分别把两个渠道在去年全年的营销活动标注出来，并且把每个活动的销售业绩，权重占比标注出来。并且，从商品生命周期和运营的营销角度来分别思考，年度销售活动的权重分布为什么是这样的。"

大白兴奋地说："好哇，我乐于接受挑战。可是，去年的营销活动数据我们要去哪里查呢？"

"放心吧，作为数据部门，我们早已对每个渠道的每一场活动，都进行了详细的数据记录和备份。等下我就告诉你们怎样查询这些数据。"Alex一边关闭着投影仪一边笑着回答。

大白与叶子于是也开始收拾会议室。长达两个小时的听课与讲课，他们的身体已经略感疲倦，但精神却还在亢奋中。三人说说笑笑，离开了会议室。

第6课　建立店铺的说服逻辑与购买路径

本节课主要讲述电商店铺运营的基本知识。主要分为两大内容："电商的说服逻辑"是从宏观角度，帮读者认识到电商就是卖图片，电商就是卖视觉；"购买路径"是从微观角度，帮读者建立起对用户购买路径的认知。这两块内容，对于店铺的整体流量分析与页面分析，将产生非常大的推动作用。对于那些对电商运营不太了解的数据分析同行们，也将是一个非常不错的补充。

电商的说服逻辑

今天是周一，经过周末两天的休息。叶子和大白精神抖擞地走进了办公室。

在前面两周紧张的课程学习中，Alex给他们灌输了如此多的一套又一套电商知识体系，譬如"神一般的公式""飞机图模型""渠道就是机关枪""天猫与京东的运营节奏"等。对于两位电商新人而言，一下子强行装进了如此多的知识，就如同一只吃撑了的肥猫一样，只想找一个有阳光的地方躺着舒服地睡一觉。"幸好，周末有两天可以让我们好好消化一下。"叶子这样想着。

下午，Alex通知叶子和大白，他们将要在那个有着大落地窗的会议室里开始新的带教课程。叶子很喜欢这间会议室，因为在这里听课时，偶尔还可以感受一下外面金黄色的夕阳光辉。

叶子和大白相约走进会议室时，Alex刚好在会议桌上放下他的笔记本电脑，以及他自带的两支大头笔。两人连忙在Alex的对面坐下，并且把自己的笔记本打开。

"两位，上周我们讲解了天猫和京东平台的运营节奏，并且布置了一道课后练习题，你们完成了吗？"

"呃，今天下班前邮件给您，可以吗？"大白忐忑地说。叶子也用委婉的眼神看着 Alex，看来是附议了大白的意见。

"好吧，那么，我们先进入今天的课程。上周讲的是平台的运营节奏，那么，今天我们来看看电商店铺运营的两个重要业务理念——电商的说服逻辑以及用户的购买路径。"

Alex 停顿了一下："我会以一些实际案例，和大家探讨一家电商店铺是如何说服用户进行成交，以及用户需要经历哪些必要'节点'才能够成交的。"

他转身在白板中央写下"说服逻辑"，用手敲着它说："什么是说服逻辑？"

"简单来说，能够条理清晰、有效地说服他人的一套思维方式，便可称为说服逻辑。对于某个人而言，他能够条理清晰、逻辑分明地说服他人，便可称此人为说服能力极强的人。对某家电商店铺而言，它只是呈现在网络上的一组静态页面（绝大多数）而已，它不能开口说话，那么，它应该如何去说服他人呢？"

"有八个字，是我见过对'说服逻辑'概括得最好的。"说到这里，Alex 转身在白板上写下了"卖是表达、买是认同"八个字。叶子和大白不由得被 Alex 的开场白所吸引。

"这八个字怎么理解呢？买是认同，意思是说，用户之所以买了我的产品，便是对我产生了认同。这份认同可能是对品牌的认同，也可能是对产品的认同，更可能是对价格、服务，甚至某一种情怀的认同。卖是表达，则是说，作为卖方，我们应该学会表达我们的品牌、产品、价格、服务，甚至是情怀。唯有这样，才能让用户找到'购买'的理由。"

"那么，电商卖家要如何正确地表达呢？这就是我们所说的电商的说服逻辑了。"

Alex 观察到两人已经聚精会神地沉浸在这个话题中，于是放心地开始为两人剖析什么是电商运营的说服逻辑。

首先来看看，在传统的线下零售店铺中，我们是如何说服一名顾客成交的呢？

以服装为例，在传统零售店里，卖家可以从这些方面说服顾客：

1）视觉：橱窗高矮柜的组合色彩，搭配正挂或侧挂绿色植物的点缀，各种极富技巧的陈列商品组成一幅具有远近层次感的营销场，每一处细节都是以营销为目的的精心设计的视觉盛宴；

2）触觉：精心设计的购物路径上，伸伸手便可以触摸到的衣服，让你忍不住亲手抚摸一把细细体验它的面料，细致查看剪裁的细节，然后试穿并面对明亮的落地大镜子前后左右地比对一番，此时，顾客距离买单已经只剩一小步了；

3）服务：导购们真诚的问候和微笑，恰如其分的夸奖和恭维，忙前跑后帮你拿衣服……这样面对面的服务，是零售终端店铺的制胜法宝。

Alex 接着说，那么，电商店铺又是怎样来说服用户成交的呢？

1. 电商靠的是视觉呈现

电商没有触觉，更没有面对面的服务，有的只是视觉！

1）**90% 的图片**：电商店铺几乎都是由图片构成，如 POP、banner、产品列表图，详情页的产品大图、模特试穿图、细节图、礼品图、优惠券图等，任何一个电商店铺的页面，几乎都是被各种各样的图片所充斥着。这些图片就是电商店铺"说服"顾客的重要法宝。

2）9%的文案：文案是图片的点睛之笔，好的文案可以瞬间击中顾客内心的痛点、笑点，或者利益点。最经典的莫过于网络上流传的一张照片：一位满脸皱纹的老太太，在一车橙黄色的柑桔上摆着一张手写的"甜过初恋"的牌子……而最常见、最没创意的就是在首页POP上写个："全场3折起，满1000减100元"。这样的文案，仅仅是从刺激用户的利益点着手，而且方式太过简单粗暴，在折扣横行的网络时代，其实弊大于利，因为损伤了品牌形象。

3）1%的咨询：现如今的电商，随着网购的普及，资深的电商买家越来越多，因此在网购过程中遇到的问题就越来越少；即使是遇到某些有关产品的具体问题，由于网上店铺实在是太多，一般也会直接去对比另一家店铺的同类产品。所以，现在电商店铺的咨询率已经越来越低了。除非是对品牌有真爱，否则用户宁愿去逛另一家店，也不会浪费精力使用敲打键盘或者手机屏幕的方式来和你进行文字交流。

2. 视觉的呈现必须有条理、有结构，这样才能保证"说服"是有效的

"我们以首页为例，来论证电商是如何说服用户成交的。" Alex 一边说，一边在笔记本电脑的浏览器里进入了一家天猫旗舰店。叶子和大白都注意到 Alex 是通过浏览器的收藏夹进入这家店铺的，看来 Alex 相当关注这家店铺。

叶子和大白把目光聚焦到电脑屏幕上，呈现在三人面前的是这样一个页面（见1-14）。

Alex 随即开始解说，这是一家在服装类目中长期占据销售 TOP 榜单的品牌店铺，我们来研究一下他们家的说服逻辑是怎样的。

这是一个看脸的时代。首页是每个电商店铺的"脸"，是店铺重要的战场。首页需要承载以下重任：

第1章 建立电商运营的"上帝视角"

图1-14 韩都衣舍店铺首页

1）突出品牌形象，通过视觉（图片、文案、音乐等）建立用户对品牌的信任感；

2）做好流量梳理，（通过导航条、入口图、POP等）让用户更精准地找到目标需求产品；

3）抓住利益点，让用户找到留下来的理由（主要是POP文案）。

为了帮两人加深印象，Alex在白板上将"信任感""流量梳理""利益点"三个关键词着重罗列出来，然后继续演讲。

首页主要由店招、导航条、POP、豆腐块（入口图）等构成，视觉部门负责将这些核心元素以一种符合品牌调性，以及贴近用户浏览习惯与审美观的逻辑呈现出来。

首页的逻辑结构是否合理有效，对于电商店铺而言非常重要。有些电商店铺的首页流量非常之高，但去到详情页的流量非常少。这便是首页流量分配不合理的原因。作为数据分析师，我们必须理解首页的说服逻辑，以便在看到店铺首页流量与详情页流量的占比不合理时，能够有效评估。

Alex 回到电脑屏幕前,"我们依次来看看韩都衣舍的首页逻辑。"

(1)店招

店招在店铺首页顶端的位置(见图1-15)。

图1-15 韩都衣舍旗舰店的店招

这是很小的一块空间,但作用却很大。店招的作用一般有以下三类:

1)向用户展示品牌实力:展现品牌实力就好像健身超人秀腹肌一样,是最容易让用户产生信任的手段。譬如"2012～2016年度天猫女装总冠军"这个文案便是韩都向用户秀肌肉的举动。

2)向用户发名片:在店招中,一般还会出现引导用户一键收藏店铺的功能元素。更多的用户收藏店铺,有助于提升为店铺收获精准流量,提升店铺整体转化率。

3)店内搜索框:店内搜索几乎是所有电商店铺首页中必不可少的元素。而大多数店铺都会把搜索框设计在店招中。因为店招有置顶的作用,这样可以避免某些用户因为在首页的目录导航中找不到想要的衣服,而直接跳失离店。

从店铺诊断的角度而言,我们可以关注店招的两个数据指标:店铺收藏总数、搜索栏点击数。

收藏数越多,说明此品牌的粉丝越多,店铺用户运营的基础越好,可断定此店铺转化率也不会太差。

搜索栏使用得越多(热力图可看出),说明搜索栏摆放位置更合理。但同时也说明店铺首页的页面逻辑和商品的主推逻辑相对不合理,如果搜索栏的点击量远远高于首页中的导航栏和入口图等其他位置,这时数据分析师们必须要检查店铺的首页逻辑是否合理。

(2)导航栏

导航栏,顾名思义,就是给用户导航,让想找不同类别或风格服装的用户能够快速找到相应的服装。导航栏一般会按照服装的大类来分类,而且根据不同季度的热销程度与店铺主推的优先级别,会将优先级高的类目尽量放在导航栏的前面,有些还会用红色、黄色等耀眼的颜色来显示。这是为了使主推商品尽可能吸引更多的点击。

仔细研究不同商家的导航栏,能够从中看到商家之间主推商品运营逻辑的差异性。这是很有意思的一项观察与研究。

另外,如前言所说,首页是店铺的流量分配中心。而流量分配的作用,其实很多都是通过导航栏来实现的。所以,优秀的数据分析师需要时刻监测着店铺首页。

Alex用鼠标在屏幕上导航栏的位置来回划动了一下,提醒两人把目光定位到鼠标的位置。然后继续讲解,还是以韩都衣舍的店铺导航栏为例(见图1-16)。

图 1-16 韩都衣舍的店铺导航栏

在这个导航条中,我们至少可以看出两点信息:

1）当前主推"每日上新",以及上装里面的"T恤""衬衫/雪纺"类商品,所以特意使用了金黄色的颜色来标注。

2)"连衣裙""内搭T恤衫""衬衫/雪纺"是韩都当季的另外三个商品大类,因此韩都在把所有商品按"上下装"的分类后,又特意将其作为单独的类目予以呈现。

（3）POP

POP是传统商业中的一种促销广告,一般摆放在店头。在电商中,也引入了POP的概念。由商家自己制作并在店内呈现的称为店内POP,其目的也是为了突出店内商品的卖点,或是增加用户对品牌的信任。

POP一般分静态和轮播两种形式。行业内的做法是,在店铺内有特大型促销活动（如双11、双12）时,一般会使用活动主题的POP静态呈现,这样可以尽量避免用户跳失；而如果在平时,则会使用轮播的方式来呈现,一般是3～4张左右。

Alex对叶子和大白说:"当前,韩都采用的就是3张图片轮播的方式。接下来,我们看看这三张图分别有什么作用。"

说完后,Alex用鼠标在POP下方的快速切换键中来回切换着这三张图片（图1-17～图1-19）。然后问叶子和大白,"还记得我们之前所说的首页的三大重任吗?"

两人机智地看着白板上Alex写下的三大关键词,把正确答案说了出来:增加用户信任感、流量分配、抓住用户利益点。

"没错,现在再来看这三张POP,我们会发现首页的三大作用在POP上都有体现。"

第1章 建立电商运营的"上帝视角"

图 1-17　韩都 POP 之夏末清仓

图 1-18　韩都衣舍 POP 之韩都十年

图 1-19　韩都衣舍 POP 之 SBSx 韩都谣传

Alex 用鼠标分别定位在每一张 POP 上面，为两人解释其中的"说服逻辑"。

首先，第一张 POP（图 1-17）是关于"夏末清仓"的活动宣传，它的文案重点突出"夏清仓 1 折起"，这是"抓住用户利益点"；并且点击这张图片后可以直接进入清仓活动的二级页面，这又是一种流量梳理，将所有在首页浏览的用户中对清仓活动感兴趣的用户，第一时间分配到活动页面，便于在最短的时候内促成成交机会。

其次，第二张 POP（图 1-18）是关于"韩都十年"的品牌宣传，十年风雨历程、众多明星捧场，向用户满怀情感地展现了品牌实力，这是在"增加用户信任"。

最后，第三张 POP（图 1-19）不是资深的韩剧迷都不会明白其意思。SBS 是韩国著名的电视频道，这是韩都衣舍将 SBS 里面的热映电视剧中的明星同款整理了出来，并做了一个专门的活动二级页。"深度韩剧迷"是韩都衣舍的精准用户，所以这是一个为韩剧迷用户们准备的活动入口，进而达到了流量分配的作用。

Alex 最后总结道："三个 POP 达到了三种不同的作用，这就是韩都衣舍运营的精细之处，如果我们再去看其他商家的首页，会发现有很多店铺的 POP 区域，三张轮播其实都是在传播同一个主题。这既是一种空间浪费，也是一种信息的重复性骚扰。"

（4）豆腐块

"豆腐块是我个人的称呼，在业界一般称为入口图。"Alex 对叶子和大白说。

在 2015 年以前，在首页 POP 位置的下方，行业内的做法是陈列许多主推商品。就像小学作文本上密密麻麻的四方格子一样，很伤用户的"眼睛"。

第1章 建立电商运营的"上帝视角"

从 2015 年下半年开始,开始出现更近、更大的单品图,其所带来的点击量更多,于是逐渐发展为了从"作文本格子"演变成"豆腐块"的趋势。

Alex 滚动鼠标,在屏幕上找到韩都衣舍豆腐块的位置。"豆腐块的作用是,将同一类主推单品集中在一起,并以同一个入口图的形式展现出来。一般的店铺会有 6～8 个豆腐块,这些豆腐块串联在一起,就是这个店铺所呈现给用户的商品运营逻辑。"

Alex 用鼠标在屏幕上画了一个圆圈,还是以韩都衣舍为例(见图 1-20)。

图 1-20 韩都衣舍 2016 夏豆腐块布局

从这些豆腐块中,我们可以看出韩都的以下运营逻辑:

首先,在豆腐块区域的左侧放置着一个竖排的类目导航栏,与前面所说的横排导航栏不同，竖排导航栏是悬浮的，即会随着网页往下翻转而时刻飘浮在页面上。它的作用是对豆腐块的商品逻辑进行补充；

其次，可以看出韩都衣舍是按照上新日期来规划豆腐块分类的。这样的好处在于，既将店铺的商品结构清晰地表达给用户，又培养了用户每周一三五来选新品的购买习惯。

最后，Alex给豆腐块做了一个总结。豆腐块代表了店铺呈现出来的简单的商品运营逻辑，目的是帮助用户快速找到自己想要购买的商品。只有用户对店铺内的商品结构足够了解，才不至于"迷路"。

Alex看了看时间，离会议室约定的时间已经过去了一半，他加快进度，对这部分内容做了个总结："从韩都衣舍的案例中可以看到，电商运营的说服逻辑是非常重要的。不管是店招、POP、豆腐块，每一处都包含了内在的说服逻辑，体现了店铺运营者的功力。当然，这些还只是首页的说服逻辑，在以后的工作中，我们再讨论详情页、活动页等其他页面的说服逻辑。"

叶子看到Alex有结束话题的意思，迫不及待地提出了疑问："老板，首页我们还没讲完呀，后面还有很长的页面呢？"

Alex轻笑了一下，以赞许的语气回答："当用户把鼠标滑动到首页的豆腐块区域时，首页已经被用户下拉到了第3～4屏的位置了，**数据表明，首页前三屏的流量会占首页整体流量的40%以上**。所以，对于首页的说服逻辑来说，前三屏是最重要的。而三屏之后，也就是在豆腐块后面的区域，可以看到都是以单品的展示为主。这种展现仅仅是为了提升店铺主推商品的曝光率，对于店铺的整体说服逻辑没有直接作用，所以我们就不详细讲了。"

电商的购买路径

叶子和大白的大脑已经被Alex饱满的干货几乎塞满了。所幸Alex此时主动走到窗前，将窗帘拉开，有意让两人休息一下。

此时已经临近17点，透过玻璃，可以看到外面夕阳西下，金黄色的余晖四处挥洒的美景。金黄色的余晖照射进会议室，温柔地抚摸着三人的皮肤，好似做着心理与身体上的按摩。

几分钟后，Alex将两人从窗外的美景中拉回办公桌。他招呼两人坐下，然后转身在白板中央的位置写下课程的主题"购买路径"。Alex开始讲解接下来的内容。

"购买路径是指用户在网页上购买商品时，所要经过的网页。就如同我们需要从广州自驾去北京的时候，途中需要经过加油站、餐馆、高速收费口等必经之路，而电商用户在购买商品时，也必然会在详情页、购物车、支付页等地方停留。当然，假设同时有100个人从广州出发，最终到达北京的很有可能并不是100人，有很多人可能在半途就返回，或者改道去其他地方了。这些未到达目的地的人，在电商中就叫跳失用户。"

Alex继续说："资深的电商运营者会对用户的购买路径进行研究，提升用户在每一个页面跳转时的转化率，并研究好必要的连带销售和促成成交的手段。而作为优秀的数据分析师，我们需要熟知店铺内的几条主要的购买路径（一般有2～3条），并进行数据分析与研究。当发现店铺的整体购买转化率连续走低时，便可以从这些购买路径中找出原因，并提出优化与测试方案。"

说到这里时，Alex停顿了一下。他把自己提前打印好的两张A4纸发给叶子和大白。"这是我个人总结的一套'用户流量路径'的示意图（见图1-21）。现在我把它交给你们了，希望你们加油学习，在实际工作中多多实践。"

由于内容多而时间紧，Alex马不停蹄地讲解起来。

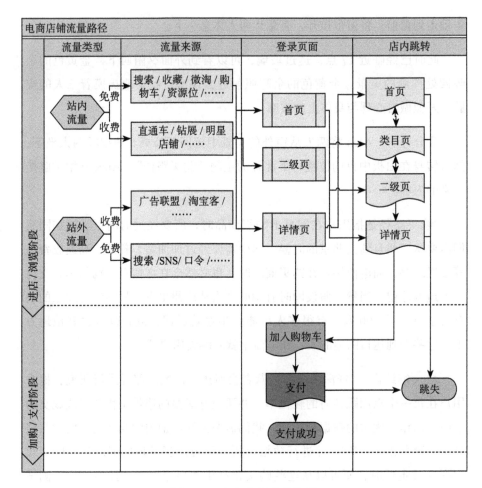

图 1-21　电商店铺流量路径

首先，业内一般把流量分为"站内流量"和"站外流量"，站内是指电商平台本身的流量，即用户是先登录"天猫"或"京东"，然后再通过直通车、搜索、购物车等方式进入店铺的，统称为站内流量；站外是指用户是从电商平台之外的渠道进入店铺的，如百度、淘宝客、微信、微博等。由于在行业中，站外流量在店铺流量总和的占比中很少（一般不超过2%），所以它注定不会成为我们研究的主要流量类型。

其次，如图1-21中所示，我们会把所有流量都分为"免费"和"付费"两种。由于免费流量与付费流量的路径有很大不同，这样的分类便于针对某一特定路径进行刻意的分析，然后进行优化。譬如，业界常见的做法之一是针对某个单品直通车的页面来源与去向进行数据分析，如某项数据指标不达标，便会考虑优化此单品的详情页。

同时，不管通过何种渠道而来的流量，当它第一次出现在电商店铺时，它只有可能出现在三个位置，即首页、详情页、二级页（又叫活动页），此时这三种页面统一称为"登录页"。长期的数据跟踪结果显示，流量第一次出现在店铺时，在首页登录的流量占到70%以上。因此，首页的"说服逻辑"是否有效便显得非常重要。而对于数据分析师而言，首页、需要投放直通车的单品详情页、品牌团活动时想买人数多的单品详情页、大型活动时为活动准备的活动二级页，这些页面都是需要被重点监控的重要分析对象。

当用户在店铺"着陆"之后，便会在店铺内"随意逛逛"，他们会在首页、详情页、类目页等页面之间来回跳动。此时的流量追踪是非常困难的，并且他们在"逛"的过程中，可能随时都会"逛"到别的同类店铺中去，甚至还会直接关闭浏览器或者APP，于是就造成了大量的"跳失"。在用户内部跳转过程中，会造成大量冗余流量，给数据分析增加了成倍的难度，此时针对某一个页面的某一项指标进行分析和解读的意义不大。

最后，当用户在店铺看好了意向的商品时，便会将其"加入购物车"，然后选择"付款"。当然，也有少部分人会不经过"购物车"而选择"立即购买"。但绝大多数人都会选择"加入购物车"。

不管如何，只要用户没有"付款成功"，便永远存在"跳失"风险。因此，在电商数据分析领域，便出现一种名为"页面分析"的细分工作。这项工作的核心就是：抓住店铺内的主要购买路径，并分析路径中重要的页面，优化页面的说服逻辑。

在 Alex 讲解的时候，叶子和大白边听边看着手中的"流量路径"图。等 Alex 讲解完时，两人已经理解得差不多了。于是放下手中的图纸，给 Alex 送上了感激的掌声。

小结

今天的课程超出了以往任何一节课的时间长度，Alex 翻腕看了一下手表，此时已经 6:20 了，征求了叶子和大白的意见，一致决定加班，把最近几天的课程内容再总结一下。

Alex 把窗帘完全拉开。此时窗外的太阳已经变成并不耀眼的红色，阳光温柔地照进会议室，将三人从浩瀚的知识海洋中拉了出来。他们精神一振，好像瞬间换了一种更平淡而从容的心情。

Alex 一边挥舞手臂用力擦拭着刚刚在白板上留下的笔记，一边写下新的标题——上帝视角。"到今天为止，我们带教课程的第一阶段已经结束了，这一阶段的主要目标是为了帮助大家建立起对电商业务的基础认识，建立起电商运营的上帝视角。"

Alex 笑呵呵地问两人："那么，你们认为自己已经具备上帝视角了吗？"

大白机警地回答："上帝视角是否具备不敢说，不过我发现跟以前的我比起来，现在的我就是'上帝'了。"

叶子和 Alex 都被大白的幽默逗笑了。

"那么我们来回顾一下，上帝视角是怎样养成的。首先，我们讨论了近十年来服装行业与电商的发展历程，从历程中总结出服装行业最重要的特性……"

第1章 建立电商运营的"上帝视角"

Alex 话未说完,叶子就抢着回答:"周期"。

"是的,周期。说到服装的周期性,我们又可以结合服装的生命周期来理解天猫与京东的平台运营节奏。从天猫的平台运营节奏中可以很清晰地理出一条符合服装行业特性的零售运营计划来……"

说到天猫平台的运营节奏,叶子又想起自己发现的线上商品运营体系比线下的体系更灵活、更具有冗余性的观点。

"其次,我们也从店铺运营的微观方向学习了几个重要的业务体系,包括认识店铺运营结构的飞机模型、认识店铺运营技巧的说服逻辑和购买路径,以及'机关枪'理论的渠道属性。"

Alex 双手比划着机关枪的模样,看着叶子和大白,"说到这里,我来考你们一下。"Alex 把提前打印好的 A4 纸拿出来,这是一份简单的试卷(见图 1-22)。

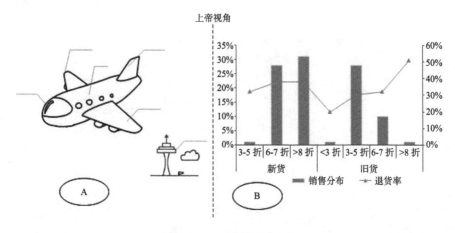

图 1-22 两个重要知识点

"叶子,你来回顾一下图 A 中的'飞机图模型',解释一下它们分别对应哪些部门,以及这些部门是如何推动电商运营达成销售业绩的。"

063

"大白,你为我们解释一下图 B 中的柱形图像哪个电商平台的渠道属性,这种属性有什么特点,它与其他渠道有什么不同?"

叶子抢先回答:"这个飞机模型代表了六大部门,它们分别是……"

大白不甘落后:"从柱形图中可以看出,这个渠道以当季新品的销售为主,并且退货率较高,比较像是天猫渠道的特性,同时……"

叶子和大白回答完毕后,Alex 也以刚才同样的掌声送给了他们。两人回答得很完整,Alex 几乎不用作任何的补充。

此时,窗外的夕阳已经挂到了不远处高楼的楼顶上。周围被映红的云彩层次分明地堆叠在一起,煞是好看,透过落地玻璃射进会议室的余晖把三人的脸都映成了红色。叶子掏出相机,把这一刻的美景定格在照片中。第一阶段的课程圆满结束,叶子和大白两人洋溢着满脸的喜悦。

第 2 章

像"堆积木"一样认识数据指标

本章通过把常用的数据指标投影和还原到实际业务场景中的方法，诠释看似枯燥而缺乏温度的数据指标。既能加深读者对各项数据指标的理解，又能帮助读者从数据指标的表象，还原指标背后的业务真相。

医术高深的医师，能够从化验单中迅速挑出重要的指标，并结合患者实情加以诊断；优秀的数据分析师也应具备类似的能力，面对繁乱的数据指标，需要去芜存菁、迅速找到关键指标并加以诊断。通过本章，相信能够帮助读者提高这种能力。

第 7 课　能够诊断业务的 KOL 数据指标

本节课主要介绍与运营紧密相关的七大业务部门及其相关的重要数据指标。使读者能够从这些数据指标中，迅速掌握业务部门的核心职能，并且能够通过数据指标进行简单的运营诊断。

以运营为导向的业务框架

这是叶子和大白入职的第三周。南方的七月,天气异常炎热,办公室的中央空调夜以继日地工作,不停抽走室内闷热的空气。

第一阶段的带教课程结束后,Alex 安排了一大堆历史数据报告给两人阅读和学习,并且会不定期地抽查两人对报表的理解能力。

叶子对此最为兴奋,由于之前有在商品部门的工作经历,再加上经历了第一阶段学习,她已经初步建立起了"上帝视角",现在读起这些数据报告时,有一种如鱼得水的感觉。尽管报告中还有许多用英文缩写表示的数据指标以及报表逻辑不甚了解,但是她完全能够看懂报表后面用文字备注的"分析结论",并且大有一点就通的感觉。

比如最近的一份关于活动分析的数据报告中,有这样一段结论:"本次活动销售达标率为85%,主要原因在于活动前计划目标过高,计划同增122%,实际同增89%,实际增长率与近几期同类活动增长率持平。"读到这段结论时,叶子立刻从报表中汲取到精华:原来数据分析真的不能看单一指标啊!

还有一份关于某一次天猫的首页改版升级后的数据监测报告,里面有一段结论:"对比改版前后的热力图,以及店铺各页面的流量分布情况,可以看出改版后从首页进入类目页和二级页的流量增加了 50% 以上。本次改版后,对首页的流量利用率大大提升了。"读到这份报告时,叶子心想,这一定是 Alex 利用"说服逻辑"的理念分析出来的。可是在新的版面上,Alex 看到了哪些"说服逻辑"呢?她马上找到大白,两人一起研究起了天猫旗舰店的首页。

而大白则稍显苦恼,电商业务知识一直是他的短板,Alex 在短短两周之内给他灌输了不下七八套业务体系模型,他已经拼命地学习新知识了,但总有"差那么一点"才能够悟透的感觉。此刻的心情犹如室内的空气一般,变得沉闷而又湿润。"时间不等人,试用期很快就要过去了,真不知道我能不能顺利通过试用期考核",大白偶尔对自己也有信心不足的时候。

无论如何,从今天开始,他们的带教课程要进入第二阶段"数据分析指标"的内容模块了。

下午3点,当叶子和大白走进会议室时,Alex已经提前等着两人了。也许是最近工作比较忙,Alex问好后,便迫不及待地把两人带入了课程内容。

"第一阶段的课程我们建立了许多有关电商运营的业务知识体系。今天的课程,我们需要在这些业务体系的框架下,提炼出一些能够诊断业务运营状态的关键指标来。"

"提炼出这些指标,对我们后续的数据分析工作将非常有帮助!",Alex强调了一句,他半转身,在身后白板上画了一幅思维导图(见图2-1)。

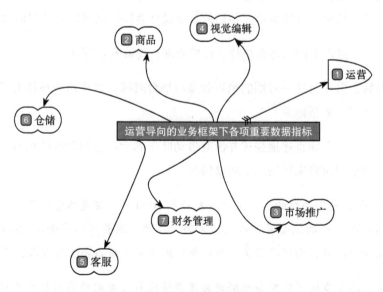

图2-1 以运营为导向的业务框架

看到叶子和大白已经把目光聚集在思维导图上之后，Alex继续说："在这个思维导图中，我把电商运营中主要的7大业务部门列了出来。为了便于记忆，我们从运营的角度把7大部门串成这样一条业务逻辑线。你们可以看到，我已经把逻辑顺序用数字标注出来了。"

叶子和大白的目光在图中根据数字顺序而不断跳跃，Alex于是继续讲解。

"在实际运营场景中，一次正常的运营闭环一般会经历图2-1中的7个步骤：

首先，运营者们会制订本次的销售目标、销售计划（包括促销方案）；在销售计划中，运营者需要着重提出，他们需要的商品资源与推广需求；

然后，商品与市场推广的负责人会根据运营的需求，提供相应的解决方案，并协商达成一致；

同时，视觉部门的同事会根据促销方案、活动主题、主推商品等设计店铺的活动二级页、详情页等。他们的页面设计直接影响到活动的促销效果；

于是，进入下面的客服接待、订单处理、物流发货等环节。

最后，财务对这一时期的销售业绩与平台对账，以便初步核算出期内业务达标率等财务指标。"

看到这样平铺直述地描述并没有带动叶子和大白进行深度的思考，Alex决定再把他们拉到实际场景中加以操练。

"比如，我们品牌的3月份业绩目标是1000万，这是运营团队经过匹配平台活动与平台的流量资源所提出来的。此时，运营团队就会以1000万的销售业绩为基准，向商品团队、市场推广团队提出商品和流量需求；

而商品与市场团队则会根据商品库存情况与可支配的市场推广费用等实

际情况，提供可行的商品与流量支持方案，并与运营团队达成一致；

注意，当以上步骤完成后，代表着本月度的运营计划已经初步拟定了。下面，就会进入更细致的运营筹备过程：比如视觉部门要准备主推款的详情页逻辑设计、活动二级页面的设计，而客服团队也要准备话术以及新品及主推款的商品培训等。"

Alex 把手中的大头笔当成商品资源，把白板擦当成可以投放的市场资源，并且不断摆动，以此来加强两位年轻人对这套运营逻辑的理解。

两人似乎听得非常明白了，叶子用惊喜的语气说："原来'飞机模型'是这样运用的呀！难怪'飞机模型'中的驾驶员是运营团队呢。"

Alex 在两人舒展的表情中，看出他们已经理解了这个基本的框架，于是决定把课程继续往下延伸。

能够诊断业务的 KPI 指标

由于接下来的任务更重，Alex 没有给两人过多的休息时间，他几乎马上就开启了新的课程。

"就像医生需要掌握化验单上的每一项化验指标一样，了解各项数据指标，是数据分析师的基本功。但是再聪明的医生也不可能记住所有的数据指标，一个直接而又实用的办法是，他们只要记住那些常用而且重要的指标就行了。"

"所以，我们接下来的工作，就是要把刚才所画的七大业务框架（见图 2-1）所说的重点指标给找出来。所谓重点指标，必须是能够直接诊断出某一业务运营状态是否健康的指标。"

此时，叶子和大白坚持在过去的一周里阅读各种数据报表的作用逐渐显现出来了。在他们的参与下，三人首先把各大业务部门的主要职能罗列出来，然后再把每个职能下面的指标不管重要与否，尽可能全面地罗列出来，最后，再由Alex将重点指标用红色笔标注出来。

经过十几分钟艰苦而紧张的讨论，一幅全新的思维导图呈现在了三人面前（见图2-2）。

看着白板上条理清晰，连核心指标都已经用红色标注出来了的全新图形，叶子和大白有了巨大的满足感。新的思维导图就像一朵肆意绽放的花朵，这个花朵原本只有一个花骨朵，是他们用自己的知识让它美丽绽放。

刚才的参与与讨论，使他们对电商运营业务的理解得到了表达和展现的机会，更重要的是得到了Alex的认可。

尽管思维导图已经画好，但为了让叶子和大白对各个数据指标能够产生直观而又体系的认知，Alex还需要为两人重新总结一番。

"这是一个以运营为导向的业务框架，整个框架主要分7个模块。下面，我们来解读每个模块的主要职能与关联的数据指标。"

1. 运营模块

[重要职能]：

运营模块有两大重要职能，首先是负责达成整个品牌的业绩目标；其次，在达成业绩的时候，运营人员还要注意控制运营成本。销售中的运营成本一般包括销售折损、销售退货、平台扣点、物流、推广费用等。

[数据指标]：

从数据指标角度来评估运营能力时，需要避免使用单一指标来评估组织的运营能力，一般使用业绩达标率、业绩增长率、销售利润额三个指标来进

第 2 章 像"堆积木"一样认识数据指标

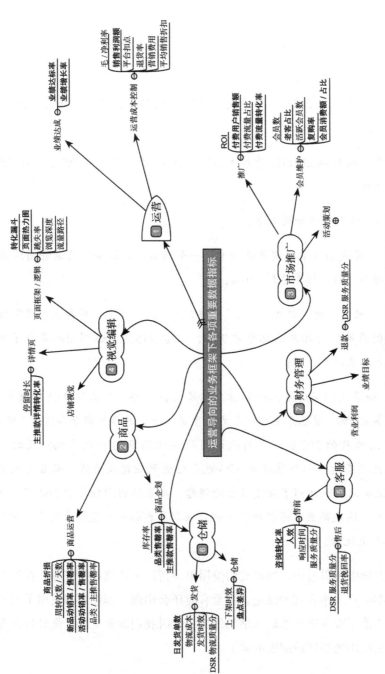

图 2-2 运营导向的业务框架下各项重要数据指标

071

行综合评估。

譬如：

运营团队 A 在 2016Q1 季度完成销售 2000 万，达标率 110%，同增 2%，净利率 15%。

运营团队 B 在 2016Q1 季度完成销售 2000 万，达标率 95%，同增 55%，净利率 10%。

在 A、B 两个运营团队中，

1）如果我们只看"销售达标率"一个指标，无疑会认为运营团队 A 更优秀，因为它的达标率达到 110%；

2）如果我们看"销售达标率""增长率"两个指标，就会认为团队 B 更优秀。因为虽然 B 团队达标率才 95%，但增长迅速，证明团队采取了有效的运营手段来冲刺业绩；

3）如果我们同时看三个指标，结果又会怎样呢？团队 A 业绩爆标了，但增长率才 2%，暴露了它增长乏力的事实，而它的净利润额却达到 300 万，远高于团队 B 的 200 万。我们能说团队 A 比团队 B 更优秀吗？反之，团队 B 虽然没有达标，但达标率 95% 也已经达到业绩及格线，而且增长率达 55%，说明此团队找到了业绩增长的钥匙。而它的利润额却才 200 万，证明此团队为了达成高业绩而牺牲了一部分利润。我们也不能简单地定义团队 B 比团队 A 更优秀。

从实例中可以看出，如果我们使用单一指标来评判业绩好坏，在许多场景下，都会产生不合理的结论。甚至有时还会出现，即使同时使用了两三项指标也不能对业绩进行准确评估的情况，这时我们就要反思，是分析方向不对，还是使用的指标精细度不够了。

2. 商品模块

[重要职能]：

商品模块主要分为商品企划与商品运营两大职能。

商品企划是指提前将一个销售周期（一般是指一个季度）的商品需求进行品类、价格带、风格等结构性的规划，并制订有前瞻性的商品销售进度计划。有效的商品企划能够帮销售建立有计划、有节奏的整体性商品销售策划，避免"一个单品冲业绩"的尴尬被动局面。需要注意的是，由于大多数电商品牌仍然是"买货制"方式，因此对于他们而言，商品企划已经被简化为买货计划了。但尽管这样，还是应该注意商品的整体结构与销售节奏。

商品运营是指从商品入库、商品上架，到制定商品主推策划、商品流通规则、商品折损保护等一系列的运营动作。商品运营以"更高的利润，销售更多商品"为目的。在许多电商品牌的商品运营中，另外形成了一套别具电商特色的"测款—养款（好评/销量）—爆款（加大投放）—返单"的运营套路，对于电商环境而言，这种运营模式无可厚非。但是需要格外注意对于"商品利润"的把控。同时，在当今的电商环境中，这种模式也不宜成为常规模式，因为爆款多了，其实是对品牌调性的严重伤害。所以，商品运营是一个既要保护品牌调性（不能过度频繁打折），又要帮助运营走量的工作。

[数据指标]：

对商品企划而言，主要对当季库存率（量/额）负责。从更细致的角度而言，就是要随时跟踪品类与主推款的售罄率：各品类的销售进度是否与预期一致？主推款的销售进度是否与预期一致？如果超出预期，是否需要及时补货？如果不达预期，是否需要提前促销？

对商品运营而言，商品的周转天数、新品动销率/售罄率、活动动销率/售罄率、销售折损都是非常重要的数据指标。周转天数越低，证明商品流动越快，则仓储成本更低、资金周转越灵活；销售折损越低，代表商品以更高的价格成交，销售利润就越高；动销率与售罄率则需要根据不同的商品生命周期与销售环境来考虑。

3. 市场模块

[重要职能]：

市场模块主要有三大重要职能：市场推广、会员维护、活动包装。

市场推广主要指通过天猫的直通车、钻展，京东的京东快车、京选展位，以及第三方工具百度推广、淘宝客、今日头条等渠道来实现产品或者品牌的推广，从而达到为产品或品牌引流的目的。尽管市场推广几乎都是以付费渠道与方式为主，付费的转化率也相对较高；但市场推广也存在免费方式，如百度贴吧、品牌微博等，一个注重品牌建设的公司，对这些渠道的数据分析也不能忽视。

会员维护在公司中一般被称为 CRM（客户关系管理）部门，在电商中，凡是在店铺内购买过一次的用户，几乎都被称为会员。因为电商的优势在于凡购买过一次，都可以在店铺中留下用户的收货人名称与联系方式，CRM 部门可以凭借这两项信息建立用户档案，并进行客户维护。CRM 部门的作用举足轻重，因为会员沉淀越多，越活跃，则店铺的推广费用就会越低。这两者虽然并不总是成反比关系，但大多数情形都是通用的。所以，有效的用户运营可以降低品牌的市场推广费用。

活动策划是市场部门的另一项重要职能，前面说到"品牌调性"一词，商品部会从商品折损上维护品牌调性；而市场部则需要从品牌形象、品牌风格与定位上维护品牌调性。因此，但凡公司的重大促销活动，一般都会交由市场部进行活动主题的包装和策划。而且，实践数据证明，活动策划、包装得好，对活动的销售也会有较大的正面影响。

[数据指标]：

在考评市场推广能力时，一般会采用ROI（投入产出比）、付费用户销售额、付费流量转化率三个指标；许多公司可能会采用单一的ROI来考核市场推广能力，个人认为，这并不是最合理的。因为丰富的市场推广经验早已证明，当投入达到一定阶段时，ROI必然会下降，但此时投入所带来的产出却还是增加的。所以，如果单纯考核ROI，那么，有丰富经验的推广团队在把ROI做到理想值后，便会止步不前，为此就会浪费掉后续追加推广费用来带来的销售增量机会。举个例子：

假设在推广某件产品时有两个推广方案可供选择：

A方案：投入2万元推广费用时，预估能够带来4万元销售业绩，此时ROI为1:2。

B方案：投入2.5万元推广费用时，预估能够带来4.5万元销售业绩，此时ROI降为1:1.8。

于是问题出现了，如果为了单纯追求高ROI值，推广团队必然会选择A方案投放；而如果选择B方案投放，则可以为该产品带来5千元的销售增量。

假设这件产品件单价为500元，便是10件产品的额外销售收入；再假设这10件衣服分别由10位新客户购买，则又意味着该品牌损失了把10位新客户转化为老客户的机会。

Alex最后总结道："这样推算下去，选择A方案的损失无疑是巨大的。所以，从数据专业的角度来分析，我从不建议选择单一指标（ROI）来考核，而应该结合ROI、付费用户销售额、付费流量转化率三个指标来看。需要注意的是，付费用户销售额不是一个可供直接查看的数据指标，它是根据某一个计算公式来预估的。"

Alex 滔滔不绝讲解了约 30 分钟，杯子里的浓茶几乎已经喝完，同时也察觉到叶子和大白都有些犯困了。于是示意两人休息几分钟，调节一下精神。

10 分钟后，Alex 端着重新泡好的茶走进会议室。叶子则调皮地把一两包休闲零食带到了会议室，电商企业的办公室文化确实比较开放，Alex 也默许了叶子在听课的恰当时候可以吃一些零食调节一下情绪与气氛。

喝了一口温热的绿茶，Alex 振作了精神，继续讲解。

4. 视觉编辑模块

[主要职能]：

在传统服饰行业中少有"视觉部"这个部门，这是颇具电商特色的一个部门，主要负责三方面的职能：店铺视觉、详情页逻辑设计、页面框架设计。视觉部的重要性体现在它对店铺转化漏斗的设计，以及能够显著提升详情页转化率上面。

店铺视觉在电商运营中的重要作用可以用一个案例来佐证：2015 年 2 月传统服装大牌拉夏贝尔收购著名淘品牌七格格及包括七格格创始人在内的整个操作团队，随后，拉夏贝尔将自己的品牌的线上业务完全交给七格格团队打理运营。而七格格团队在接到拉夏贝尔的线上业务的第一件事，便是大刀阔斧地对其线上旗舰店的店铺装修风格（包括产品拍摄风格）全部升级改造。随后，在 2015 年全年，由七格格团队运营的拉夏贝尔线上业绩突破 10 亿，实现了 900% 的增长。由此可见，店铺视觉对电商运营的重要影响。

详情页的逻辑设计是视觉编辑部的第二大重要职能。详情页的重要作用在于建立访客对于产品的信任，因此这种用户的信任力直接影响到详情页的转化率。好的详情页逻辑可以为店铺直接带来销售提升。

整体页面的框架与逻辑设计是视觉编辑部的另一个重要职能。店铺的页面逻辑是否符合用户的浏览习惯，店铺的商品分类标签是否可供用户精准而及时地找到想要买的衣服，主推商品在店铺页面中是否被突出陈列……这些页面逻辑的设计是否合理，直接影响到店铺的浏览用户是继续留在店铺，还是离开店铺去看别家的商品。

[数据指标]：

由于访客在店铺的浏览行为是动态的、不断变化的，因此很难用某一个单一的指标来衡量其成效。因此，行业都会采用"流量漏斗"+"热力图"的方式来分析与诊断。

流量漏斗需要根据制定好的流量浏览路径来分析，不同的分析场景可以制定不同的流量路径。比如，我们需要分析客户从详情页到支付购买之间的转化情况，此时首先要制定好一条类似于"详情页—加入购买车—生成订单—支付订单—交易完成界面"的用户浏览路径，然后把每一个关键页面的流量数统计出来，这样就可以制作出这条路径的流量漏斗图了（见图2-4）。

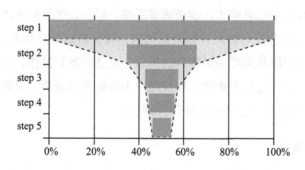

图2-3 "详情页—支付购买"流量漏斗图

热力图用于诊断具体的页面结构设计是否合理。譬如我们通过流量漏斗发现在某一个页面的流量跳失率特别高，需要判断这个页面的跳失原因时，一般会采用热力图的方式。关于热力图的应用，在天猫和京东提供的数据工具中可以看到。

5. 客服、仓储、财务模块

[主要职能]：

从运营角度而言，客服、仓储、财务属于销售末端的支持部门。

客服模块负责用户进店之后的咨询、成交引导，以及用户购买之后的售后服务。

仓储也是一个重要的支持部门，电商的一大特色是几乎所有电商平台都有发货时间限制（如天猫最新规定是48小时内），如用户下单后，商家未及时发货则会面临积分赔偿、用户投诉等各种风险；同时，仓储的另一个重要性也体现在需要尽快对仓库的大批量到货（包括用户的退货到货）进行入库，以便及时销售（或二次销售）。

在电商环境中，财务模块比传统经营环境下的工作更复杂。由于电商行业的"退货滞后性"，导致同一时间内的营收收入始终不能等同于实际财务收入。因此给财务的对账工作带来诸多不便。但是，如果财务团队能够及时把上月的实际运营盈利情况告知运营团队，将会对运营产生非常大的帮助；财务的另一项职能是需要协助客户的售后人员进行退款操作，退款的及时性对店铺的运营也会有较大影响。假设用户申请退货退款后，退款不及时就可能会收到用户投诉，也会使店铺降分降权等。

[数据指标]：

对于客服而言，有三个重要指标：一是咨询转化率，就是指在店铺咨询过的访客中，有多少人最终成交了；二是人效，是指经过咨询转化得到的业绩除以客服总人数的人均业绩，人效是体现客服团队贡献值的一个重要指标，目前行业里有一个重要趋势，越来越多的品牌正在将自营的客服团队外包给第三方服务公司，这里面客服的人效降低是一个重要因素；三是服务质量得分，这是店铺 DSR 评分中的一项，主要受店铺好评数、差评数、投诉率等影响，是客服售后团队需要重点关注的指标。

对于仓储与物流而言，有两大指标需要重点关注。一是日均发货单数，在销售订单能够满足的前提，以满负荷的工作状态下，日均能够发出多少个订单是一项重要的能力。假设某品牌（含所有销售渠道）日均产生订单 800 个，那么仓库在常规工作状态下，要求每天至少能够处理 600 个以上的订单，才能够基本满足销售部的需求，这还是在未考虑销售增长与大型促销活动的前提下。二是库存准确率，也就是盘点差异。所有实体零售行业的仓储都必须对盘点差异负责，这是仓储模块最基本的要求。

最后，由于财务很少直接参与到电商的一线运营中，因此对于运营有直接影响的指标较少。行业中几乎所有公司都会把用户申请退货之后的退款工作安排给财务团队，所以退款及时率应该是唯一对运营有直接影响作用的一项指标，同时它也是属于店铺 DSR 评分中的一项。

一个小时后，Alex 把这个由电商基本业务框架派生出来的指标模型讲解完成。他最后总结道："今天的这一课，我们探讨了'以运营为导向'的电商业务框架模型，以及由此派生出来的重要数据指标。这些数据指标异常关键，它们完全来自于业务，并且以运营为目的，是我们进行'数据化运营'的基础。"

"两位可以看到，这些数据指标在我们的《周报》和《月报》中反复出现。在今天的课程基础上，两位回去后可以仔细研究这些数据报表。"

叶子和大白的笔记本上已经记了满满的好几页纸，并且白板上的模型图也已经被他们用偷懒的"电子笔记"的方式保存到了手机中。

这张思维导图在两人心里组成了一张新的知识网，他们凭着自己的理解在这幅思维导图的数据指标之间画起了各种横向与竖向的线条。脑海里不时对这七大业务部门与职能进行各种自由组合、拆解。以前似懂非懂的一些业务流程，现在却可以完美投影到这个模型图中，他们有了一种通透的认知，两人的情绪高昂。

Alex走了两步，主动把桌上的"乐事"薯片拿过来开始享用，会议室的气氛随之轻松起来。离会议室预约结束的时间还有几分钟，三人边吃边随意地聊了起来。

第8课 人、货、场下的数据指标库

本节课以"人—货—场"的逻辑顺序介绍电商数据分析中常用的几大基础数据指标，旨在帮助读者认识并了解各大指标，快速掌握数据分析。

有关"人"的那些指标

自从上次讲解了"运营为导向的指标库"后，叶子和大白便喜欢上了"读报表"。他们把邮箱中最近收到的各种报表，包括周报、月报、活动总结报告等，全部仔细研究了一遍。他们已经能够看出报表中的一些简单而直观的业务问题，但同时又有了更多的疑问。

比如在月度报表中，关于销售的达标率就有三个指标：Ach%、MTD%、YTD%，他们大致猜出来这三个指标都是跟销售达标率有关，但却不明白为什么在同一个报表中三者却同时出现。更别提还有什么GMV、GWP，等等了。

Alex一直密切关注着两人的工作状态，看到两人已经开始进入快速学习期，Alex决定加快课程进度。于是，今天又把叶子和大白叫到会议室中来了。

"两位,你们最近的进步很大。从你们在工作中所问到的一些问题,能够看出你们对电商和数据分析工作的了解已经比较深入了。看来,你们离成为一名优秀的数据分析师越来越近了。"

叶子和大白得意地笑了,能够得到 Alex 的认可,使他们倍感荣幸。对于 Alex,他们满怀崇敬,而又充满感激。

Alex 最近不太使用投影仪,而是喜欢把核心内容打印在 A4 纸上,发给叶子和大白。这样既便于两人阅读,又可以在纸上随手记录。今天,他便准备了一小叠 A4 纸,约有 7~8 张。Alex 首先把铺在最上面的两张 A4 纸分别发给叶子和大白。纸上是一幅指标图(见图 2-4)。

等叶子和大白拿在手上认真看了一会儿后,Alex 才开始讲解。

"数据分析指标非常多,为了便于理解和记忆,我把常用的指标按'人—货—场'的逻辑分为三类。现在你们手上拿到的是关于'人'的常用数据指标。"

"站在运营分析的角度,'人'可以分为'客服'与'用户'两类。'客服'是指客服团队,如售前、售后;'用户'按照成交状态又可以细分为'流量'与'成交用户'。"

Alex 开宗明义,首先便为两人明确了流量与用户的区别:"需要注意的是,在行业中,凡是在店铺内有过成交记录的,都称为用户;而流量的定义明显要高于用户,只要登录过店铺的,都称之为流量。用户有 ID 与联系方式可以作为单个的'个体'被追溯和联络;而流量只能作为'群体'而被统计。"

Alex 停顿了几秒,让两人稍做消化,然后继续说:"以上都是一些常用的指标,为了节省时间,我们只拿其中几个常用而又相对不容易理解的指标进行讲解。"

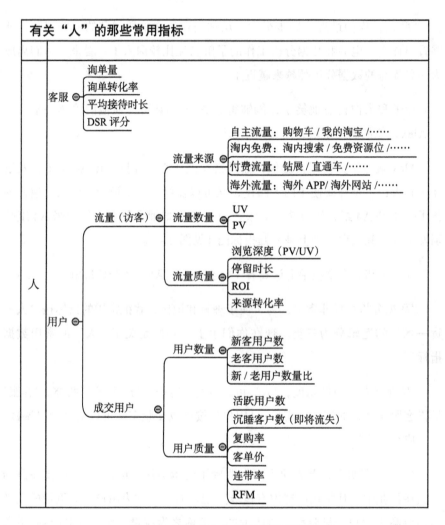

图 2-4 有关"人"的那些常用指标

1）流量来源：流量来源分为自主、免费、付费、淘外、其他这五类。这是由"生意参谋"中的分类引用而来的。但是在实际数据分析中，我们常常会发现，"淘外流量"与"其他流量"往往微乎其微，因此，行业中彼此交流时，大家一致的口径都是使用主动、免费、付费三个来源的数据来交流。比如，当有人说店铺流量结构是主动：免费：付费=20：70：10时，意思就是说店铺的主动流量占20%，免费流量占70%，付费流量占10%。

2）新客/老客：在传统零售行业中，一般会根据RFM模型原理，将用户分为几大VIP等级，而在电商行业中，目前普遍的做法是将用户分为"新客户""老客户"。其中"新客户"是指在店铺内第一次成交的客户，反之则称为"老客户"；"新老客户比"也是衡量店铺用户质量的一个重要占比。新客占比过高，说明店铺在统计周期内获客能力不错，但老客回头率过低。

3）活跃/沉睡用户数：根据客户生命周期，可以将客户大致分为新客户、活跃客户、沉睡客户、流失客户四大类。活跃客户和沉睡客户是在做用户质量分析时需要重点关注的；活跃客户是指××天内有成交记录且购买次数>N次的客户，活跃客户数量越大，店铺的主动和免费流量就越多；沉睡客户是指连续××天内没有购买记录的客户，用户运营团队需要定期执行沉睡客户的"唤醒计划"，因此，针对沉睡客户的监控显得非常有必要。

Alex用尽量简短的语言，将几个指标的重要应用价值向两人阐述清楚后，又特意留了几分钟让叶子和大白互相讨论，然后进入了下一部分内容。

有关"货"的那些指标

Alex从那一叠A4纸的最上方再次拿出两张，发给叶子和大白。今天的课程内容并不难，所以两人平静地接下Alex递过来的纸，不慌不忙地打量起纸上的表格来。表格上方显示了它的名字"有关'货'的那些常用指标"（见图2-5）。

Alex从二人不慌不忙的表情中看出了他们的自信，他用一句有提醒意味的话作为开篇："在电商行业中，对于商品的分析一直是大部分数据分析师非常头痛的。"叶子和大白果然被吸引过来。"商品的业务链条非常长，采购、库存、调配、销售、售后，每一步后面都有一套非常成熟而完整的运营体系。要想做出准确有效的商品数据分析,就必须对这些商品运营体系有所了解。所以,商品的数据分析绝不是一日之功可成。"

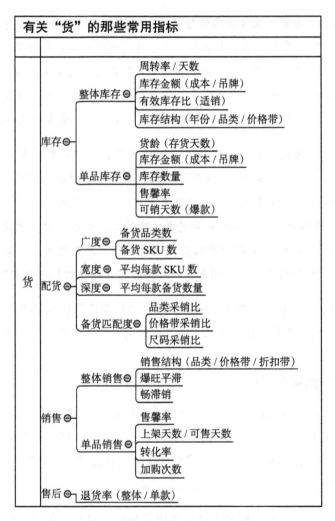

图 2-5 有关"货"的那些常用指标

叶子听得频频点头,这一刻她内心一定为自己前面几年的工作经历和知识储备而庆幸。大白则眉头紧锁,专注地盯着手中的 A4 纸,似乎立志要与它死磕到底。

Alex 并没有给两人逐一讲解每一项指标的含义与计算方法，这些常见的指标两人即使不能从词义上明白，也可以从网络上直接得到答案，没必要在会议过程中浪费时间。

"在数据分析中，我们一般把商品分析分为四大类：库存分析、配货需求与有效性分析、销售分析、退货分析。下面，我会通过实际工作中常用的几大分析实例，来让你们理解这些指标是如何应用的。"

Alex 再次从那一叠 A4 纸中抽出两张打印好的表格，依次发给两人。纸上有两个色彩层次鲜明的表格（表 2-1 和表 2-2），然后开始为两人解说。

实例 1 商品整体库存分析（见表 2-1）

这是一个常用的库存分析报表模型。这份报表通过 SKU 数、库存数、动销率、售罄率这几个简单的数据指标，构成了一份完整的库存分析表。

表 2-1 某店铺 Q1 季度库存分析表

品类	SKU 数	目前库存数	库存占比	动销率	当前售罄率	计划售罄率
衬衫	55	17 100	12%	60%	42%	40%
T恤	45	15 100	12%	68%	66%	85%
毛织	113	37 100	18%	100%	89%	95%
外套	18	11 100	8%	100%	85%	85%
裤子	92	27 100	13%	85%	71%	70%
连衣裙	79	22 100	15%	45%	23%	20%
羽绒	26	17 100	10%	100%	95%	96%
呢料	28	23 100	12%	100%	95%	86%
合计	456	169 800	100%	—	—	—

通过这份表，不仅可以看出此店铺的库存结构，并且可以判断每个品类的销售进度是否符合预期，以此来评估库存风险（譬如表中用黑体标注的数值 66% 便可能存在库存风险）。

所以，此表既是库存结构分析表，又可作为库存风险预警之用。

实例 2 商品销售分析表（见表 2-2）

这是一个非常有电商特色的商品（单品）运营分析表。这份表通过 PV、UV、转化率、加购数、库存数等几个关键数据指标，构成了一个针对单品销售现状的分析报表。

表 2-2　某店铺活动期内商品销售分析表

款号	图片	客单价	浏览量	访客数	支付转化率	加购件数	销售件数	剩余库存
K00001		¥142	21 100	11 100	1.23%	666	137	200
K00002		¥121	17 100	97 100	1.05%	575	1 020	150
K00003		¥163	16 100	11 100	0.54%	442	60	232
K00004		¥513	15 100	93 100	0.15%	160	140	226
K00005		¥201	14 100	10 100	0.45%	270	45	242
K00006		¥247	13 100	85 100	0.96%	445	817	258
K00007		¥243	13 100	81 100	0.43%	307	349	274
K00008		¥229	13 100	98 100	0.61%	414	598	290
K00009		¥400	11 100	74 100	0.49%	285	363	306
K00010		¥193	11 100	68 100	1.11%	434	756	322
K00011		¥394	11 100	70 100	0.17%	69	119	338
K00012		¥368	10 100	65 100	0.96%	352	625	354
K00013		¥468	10 100	70 100	0.34%	239	238	370
K00014		¥759	9 100	5 100	0.10%	94	5	386
K00015		¥261	9 100	5 100	0.05%	67	3	402
K00016		¥324	9 100	5 100	0.62%	260	32	418
K00017		¥282	9 100	6 100	0.64%	213	39	434
K00018		¥225	9 100	5 100	1.53%	457	78	450
K00019		¥727	8 100	5 100	0.14%	80	7	466

这份报表在电商店铺做大型促销活动时，非常有用。

它通过转化率、加购数、目前库存数这三个核心指标来监控店铺内的所有商品，帮助店铺运营者对所有单品进行"爆旺平滞"的分类，然后制定不同的销售策略；同时，这份表也可以及时发现"潜在畅销"款，提前规避"超卖"风险。

如表 2-2 中"支付转化率"一列中用黑体标注的，便是销售表现较差的款，不仅转化率低，而且库存相对较高。而"销售件数"一列中，用黑体标注的则是有"超卖"风险的。此款 UV 高达 9 万以上，售价相对较低，单款销量上千件，但库存只余 150 件。以经验判断，此款应该是店铺某个"引流款"，长期投放直通车所致。因此，当通过数据发现此款后，便需要马上提醒商品人员进行库存补货，或者提醒推广人员暂停此款的直通车投放。否则便会有"超卖"风险。

当 Alex 对两个实例讲解完时，叶子和大白把刚才一直憋在胸口的那口气从嘴里长长地吐了出来。他们把目光再次转回纸上的表格，慢慢消化刚才所学到的知识。

这两个实例，让叶子和大白明白了一个道理：所有的常用数据指标都可以用"人""货""场"的方式罗列出来，并且这些指标的定义与计算方式也很容易。但困难的是，需要挑选适合的指标并组成结构清晰的报表。

"这应该是一位优秀数据分析师最基本的能力吧？"叶子突然感觉到，自己离"优秀的数据分析师"的距离并不如想象中那么近。但是，她更清晰地知道自己应该如何走近它了。

大白则想到了堆积木的场景：数据分析的工作，就好像堆积木一样。每一项数据指标就是一块积木零件，Alex 教他们认识了许多积木方块，但是要建成一座房子，却需要将其中有用的积木方块找出来，并巧妙地组合起来。

于是，趁着 Alex 休息的片刻间隙里，大白把这个"堆积木"的比喻分享出来。果然，Alex 和叶子都表示非常认同，并且慷慨地为他送出了掌声，大白也因此而备受鼓舞。

有关"场"的那些常用指标

掌声余音渐落，Alex 把桌面铺着的最后两张 A4 张发给两人，这是今天课程的最后内容——有关"场"的数据指标（见图 2-6）。

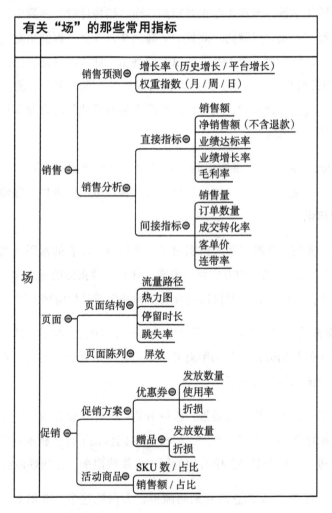

图 2-6　有关"场"的那些常用指标

等两人大致浏览完表格后，Alex 便开始讲解："场，就是指卖场。在电商中，场主要由'页面'与'促销活动'构成，并体现在'销售业绩'上。所以，有关'场'的指标，可以分为'销售''页面''促销'三类。"

"同样，在上面众多指标中，我们挑几个常用而相对比较复杂的指标来讲解。"

（1）关于销售额与净销售额

销售额是指统计周期内销售业绩的总和，净销售额是指统计周期内销售业绩减去期内退货额的业绩总和。

但是在实际分析场景中，这两个指标如何取舍成了许多数据分析新手们非常头痛的事。比如我们经常会遇到以下问题：

1）公司制定的本月销售目标是600万，可是这是销售额，还是净销售额呢？

2）在周销售报表中，销售额是70万，净销售额是-20万，净销售怎么会是负数呢？

3）不是说行业退货率是20%～30%吗，怎么上月退货率高达65%呢？

以上三个问题来自同一个原因：电商滞后15天的退货周期，以及普遍高达20%以上的退货率。根据这个原因，我们便不难找到以上问题的答案了。

问题1）：是数据统计口径的问题，一般在制定销售目标时，行业内都会使用"净销售额"，而在行业论坛（包括生意参谋、京东罗盘）等公众媒体上，都会使用"销售额"。

问题2）：是由于本周收到了金额高达90万的退货而导致净销售额为负；

问题3）：同样是由于期内收到的退货额过高所致的。在实际场景中，如6月份店铺做了66、双11、625三个品牌团活动，而7月是淡季，一场品牌团都没做。于是便会出现6月的退货大量出现在7月，于是拉高了7月的退货率。针对这种现象，行业内有一种"订单 to 订单"退货率的计算方法，这种退货率往往是比较可信的。"订单 to 订单"退货率的计算方式是按订单号来统计退货的一种方式，即不管客户滞后多久退货，只是退货所关联的订单号是属于同一个月的，便将退货额统计出来，并除以此月内销售额。"订单 to 订单"退货率又简称 A to A 退货率，取"Apple to Apple"的意思。

（2）关于业绩达标率

业绩达标率看似只是一个简单的指标，计算方法也非常简单：销售额/计划额×100%。但是在实际数据分析场景中，业绩达标率往往需要衍生出更细致的分析维度才能满足工作所需。比如滚动达标率、YTD.%、MTD.% 等。

讲到这里，Alex 看到叶子和大白一脸懵懂的神情，于是停顿了一下："为了让你们更深刻地理解业绩达标率的多维度分析，我们同样用一个数据实例来加以说明。"说完后，Alex 转身在背后的白板上快速画了一个数据表格（见表2-3）。

表2-3 某品牌2016年3月销售简报

	天猫	京东	唯品会
销售额	1 024 421	352 341	890 030
达标率	96%	101%	88%
年度滚动达标率	102%	110%	90%
YTD.%	18%	25%	21%

"这是某品牌在2016年3月的销售简报。"Alex 用手指敲击着白板，向两人解读。"这张表中便出现了'滚动达标率'和'YTD达标率'两个特殊

的达标率指标。其中，年度滚动达标率 = 1～3月销售额 / 1～3月销售目标 ×100%，而 YTD.% = 1～3月销售额 / 全年销售目标 ×100%；通过公式的比较，我们很容易便能发现两者之间的区别。"

"那么，为什么我们要把三个不同维度的达标率放在同一份数据表格中呢？"

Alex 开始自问自答："以天猫渠道为例，从上述数据表格中，我们至少可以发现以下三点。"

1）天猫 3 月份销售额约为 102 万，达标率仅 96%，将近达标；

2）本月虽然没有达标，但得益于前两个月超额完成业绩目标，因此截至 3 月，天猫渠道的滚动达标率尚为 102%，说明前三个月，店铺的销售进度尚在预定进度之中；

3）在 2016 年已经过去 3 个月的情况下，天猫 YTD 进度只完成 18%，但滚动达标率达 102%。说明天猫渠道把较多的销售业绩目标"押宝"在了后面的几个月中。

最后，Alex 总结道："通过这个实例可以发现，滚动达标率体现了累积销售进度的滚动达成情况，YTD 达标率体现了累积销售额的年度达成情况。所以，当我们把月度达标率、滚动达标率、YTD.% 三个指标放在一起看时，便可以对店铺的业绩得出全面的分析结论。而如果我们只看某一个单一的达标率指标，显然便分析不出如此多的信息。"

叶子和大白疑惑的神情随着实例的讲解而舒展。在 Alex 示意今天的课程已经结束后，两人慌忙问了其他诸如"屏效、折扣率如何计算"之类的小问题，Alex 也简单地做了回答，并不继续延伸下去。

小结

5分钟后，Alex示意三人之间的讨论暂时结束，他转身把白板上刚画的数据表格擦掉。"两位，第二部分的课程内容已经结束了。我们一起来简单回顾一下。"

Alex在白板上方用加粗的笔划，写下几个大字——"堆积木"。然后转身，目光在叶子和大白脸上微微扫视，"大白有个比喻非常好！他说'这么多的数据指标就像海量的积木零件，而优秀的数据分析师就像积木建筑师，需要从海量的积木零件中挑选出适用的，然后组装构造出一座理想的房子'。结合这个比喻来回顾我们前面的所有课程内容，第一部分：建立电商运营的'上帝视角'，便是告诉我们应该如何建房子；第二部分则是教我们认识每一个积木零件，在我们正式动手'搭房子'之前先打好基础。"

Alex停顿一下，然后再次转身面向白板，画了一个简单的思维导图（见图2-7）。

在Alex的引导下，叶子和大白把最近的课程内容结构全部回顾了一遍。

第二部分的内容，仅仅花了两天就完成了。"原来数据分析真的不是那么难"，两人信心满满地走出了会议室。

第 2 章 像"堆积木"一样认识数据指标

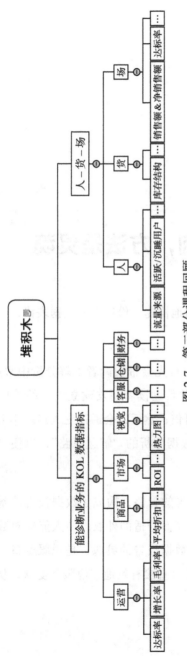

图 2-7 第二部分课程回顾

第 3 章

表作骨，美化为肉，方法是灵魂

本章主要讲解如何快速有效地构建一份适用的数据表格，并且选择恰当的数据分析方法来达到分析目的。

本章共分两个课时的内容，首先会带领读者了解分析中常用的一维表、二维表和三维表的表格结构，并帮助读者朋友建立统一的数据表格美化标准，以便使表格看起来更专业可信；然后，会通过三大最基本的数据分析方法来帮助初级数据分析者找到数据分析的"解题思路"，以便更有效地达成数据分析的目的。

"数据表格"代表了数据报告的骨骼，构成了数据报告的基本框架；而"美化"则是为表格穿上一层漂亮而舒适的外衣，使人能够对数据报告产生更多的信任；"分析方法"则是数据报告的灵魂，是说服逻辑，也是解题思路。选择正确的分析方法，能够最直接有效地"说服"受众，从而使本次分析产生价值。

第9课 快速建立实用美观的数据表

在实际工作中，经常会遇到很多拿着一份 Excel 表格在会议室里汇报工作的人，而且这种表格还是"纯天然未加修饰"的。他们在会议室中大谈特谈，手中的鼠标在 Excel 表格上前后左右杂乱无序地跳动，浪费了与会者大量的时间不说，还把听汇报的领导搞得头昏眼花、精神疲惫。

本节课就是要教给读者，作为一名专业的数据分析师，如何输出简洁、美观、高效的数据报告。

快速构成实用的数据表

时间来到了八月中旬，这座城市已经步入了盛夏。现在是正午时分，叶子吃完午饭站在办公室的窗前发呆。窗外炽热的太阳把耀眼的光芒照射在城市的每一个角落，街上川流不息的车流随着红绿灯的控制时停时走，穿着时尚神色匆忙的行人急匆匆地赶向各自的目的地。不管是人或车，他们都不愿在太阳底下多停留一秒钟，更加没有闲暇停下脚步来欣赏彼此。

叶子举起她新买不久的陶瓷口杯，里面浮着两三片已经泡开的枣片，轻轻喝了一口，然后举目俯看着窗外。她清醒地知道，其实自己也是窗外这神色匆匆的一员，这座城市的所有人似乎都在朝着自己的梦想努力前进，他们按照城市的规则与相互营造出来的气氛，努力追逐着自己的梦想。

从梦想回到现实，叶子为自己能够拥有现在这份前景不错的工作而兴奋。"上市公司、前景广阔的电商数据分析师，并且我现在已经快要入门了，离成为一名优秀的数据分析师指日可待呀"，叶子自信地盘算着自己的职业发展道路，就像窗外神色匆匆的行人一样，她也正坚定地向自己的梦想前进。

下午5点，Alex、叶子、大白依次走入会议室。今天是带教的第8课，也是叶子和大白入职的第六周，他们按照既有的节奏前进着。

三人迅速进入了讲课和听课的状态，大白帮忙把投影仪打开了，墙壁上洁白的投影幕布上逐渐显示出投影机的品牌"BENQ"。Alex 示意先把投影仪的灯泡遮挡住，然后进入今天的内容。

"能够用最直接的指标和最简单的报表结构，把数据分析结果表达出来，我认为这是一名优秀数据分析师的重要基本功之一。而今天的内容，便是为了培养两位这种快速构表的能力。"

1. 三种常见的 Excel 表格类型

Alex 先在电脑上打开了一份 PPT 文件，然后示意大白拿开挡住投影仪光线的笔记本。让大白和叶子感到惊奇的是，这一次 Alex 准备的资料竟然不是精美的 PPT 或者图片，而是一张几乎未加任何修饰的 Excel 表格（见表 3-1）。这份表格是两人在 Alex 的讲课中所见过最不讲究的一份。

表 3-1　数据分析中常用的数据表格类型

>> 类型 1：一维表

某品牌 2016 年度销售表	
Q1	300
Q2	255
Q3	400
Q4	750
合计	1 705

>> 类型 2：二维表

某品牌 2016 年度品类销售明细					
	Q1	Q2	Q3	Q4	合计
上衣	105	80	160	350	695
下衣	80	55	120	280	535
连衣裙	100	105	90	80	375
其他	15	15	30	40	100
合计	300	255	400	750	1 705

(续)

>> 类型 3：三维表

某品牌 2016 年度各渠道品类销售明细									
	天猫				京东				
	Q1	Q2	Q3	Q4	Q1	Q2	Q3	Q4	
上衣	73.5	56	96	280	16	12	35	48	
下衣	52	35.75	66	210	16	11	42	42	
连衣裙	70	73.5	58.5	60	20	21	12	18	
其他	7.5	7.5	12	20	6	6	16	15	
合计	203	172.75	232.5	570	57.75	50	105	123	
	唯品会				全渠道				
	Q1	Q2	Q3	Q4	Q1	Q2	Q3	Q4	
上衣	16	12	16	35	105	80	160	350	
下衣	12	8	12	28	80	55	120	280	
连衣裙	10	11	14	8	100	105	90	80	
其他	2	2	3	4	15	15	30	40	
合计	39.25	32.25	44.5	75	300	255	400	750	

Alex 用手指点着投影出来的表格说："在我们日常所用到的 Excel 表格中，从表格结构来区分，大致可以分为以上三类：一维表、二维表、三维表。这三种表格几乎涵盖了日常数据分析中 90% 以上的数据类表格。"

"为什么这三种表会叫一维表、二维表和三维表呢？"Alex 自问自答，"从语义上很容易理解。一维表是指表格的每一行都是一条独立而完整的信息；而二维表和三维表中，每表格的'行'必须与'列'上的字段结合起来，才能够形成一条完整而独立的数据。不同点在于，二维表中，'行'只需要与'列'上的一个字段结合；而三维表中，'行'需要与'列'的两个字段结合。"

听到这里，大白和叶子的脸上露出恍然大悟的表情。大白难得地调皮了一把："Soga，原来是这样。"

Alex 会心一笑，继续说："在实际工作中，一维表主要用于基础数据的存储，因为一维的格式方便把数据导入到各种数据处理软件，比如 SQL

Server；二维表主要用于各种简单场景下的数据分析，如表 3-1 中，需要对品类进行销售分析，而不用区分渠道时，便是采用了二维表的方式；三维表主要用于比较复杂的数据分析需求，如表 3-1 中需要对各渠道与各品类的交叉式销售分析时，采用此种表格就是比较合理的。"

2. [指标—维度] 快速构表法

稍微停顿了一下，当叶子和大白把忙着记笔记的笔放下时，Alex 继续讲道："接下来，我们学习一种利用'指标—维度'技巧快速构表的方法。"同时，Alex 把 PPT 翻到了下一页，投影仪忠实地把 PPT 同步给大白和叶子。这是一幅更简单的图（见图 3-1）。

图 3-1　[指标—维度] 构表法

Alex 接着解释："'指标—维度'构表法很容易理解，就是把'维度'放在数据表格的第一列，而'指标'放在表格的第一行。当指标与维度交叉时，就会形成数据。"

大白是统计学专业的，对这样的构表法比较容易理解与接受，而叶子则有些疑惑，此时像小学生一样举起右手，然后提问道："那么，什么是指标？什么是维度呢？"

"在数据分析过程，我们通过用来衡量某一事物发展程度的，都可以称之为指标。比如我们要衡量店铺的业绩好坏，便需要用到销售量、销售额、完成率等指标。同时，指标可又分'绝对指标'与'相对指标'。比如'销售量''销售额'便是绝对指标，而'完成率''转化率'等便是相对指标。关于指标，我们在第6～7课已经介绍了许多，这里就不再赘述了。"

Alex接着解释："那么，什么是'维度'呢？'维度'是用来衡量某一事物的不同发展特征的。还是拿衡量店铺业绩的例子来说，我们既可以从'同比'和'环比'等不同的时间维度来评估，也可以从'行业'和'竞品'等空间维度来评估。"

看到叶子仍显迷糊的表情，Alex似乎早知如此，他把PPT翻到下一页，投影画面出现了一幅简单的数据表格（见表3-2）。

表3-2 某店铺6月业绩情况表示例

天猫旗舰店6月销售报表			
	销售量（万件）	销售额（万元）	完成率
6月	3.2	1 600	102%
同比	12%	15%	—
竞品	3.5	1 820	—
MTD	15.6	7 800	96%
YTD	15.6	7 800	37%

Alex拿捏出考官的语气，对叶子说："上表便是根据'指标—维度'方法构建的表格。下面我给你两分钟时间，你先把它看一下，然后再给我们解读一下，好吗？"

叶子欣然接受了这个挑战，她仔细看着表格，组织了一下语言，开始回答。"首先，从构表方法来讲，这个表格是用'指标–维度'的方法构成的。它包括三个指标，分别是'销量''销额'和'完成率'，然后包含了五个维度，其中'6月''同比''MTD''YTD'是时间维度；'竞品'是空间维度。"

稍微停顿了一下，叶子观察到大白和Alex都点头对她的解说表示同意后，接着说："从数据来解释，这家店铺6月销售额为1600万，超额完成了当月销售目标。但是 1～6 月的累积完成率仅 96%，说明此前 5 个月是存在'销售缺口'的；同样，年度完成率仅 37%，结合 MTD 基本达标（96%）的情况来看，证明这家店铺把大部分的销售目标'押宝'在后面半年中。"

叶子的话声刚落，Alex 和大白的掌声便响起来了。受到莫大鼓舞的叶子站起来，笑呵呵地向两人致谢。

建立报表输出标准

热烈的掌声与巨大的满足感，使大白与叶子保持着充沛的精神。Alex 于是继续将课程推进。他走到笔记本电脑面前，将 PPT 播放到下一页。

1. 蛋糕思维

大白和叶子眼前一亮，这一次他们从屏幕上看到了一张特别的图片。乍一看，这是一张蛋糕的制作过程图（见图 3-2）。

图 3-2　数据分析就是做蛋糕

Alex 揭示了这张图的真相，"从这一张图，我们可以了解数据分析的完整过程。数据分析,就像做蛋糕,它需要经历六大过程。"

随后,Alex简单地解释了六大过程。

数据分析的六大过程:

1)数据收集:就如同做蛋糕之前需要先收集鸡蛋、奶油、糖一样,做数据分析之前也需要先收集能够被使用的数据,比如商品资料、销售明细等数据。

2)数据处理:做蛋糕的第二步是需要把鸡蛋打入一个容器中,并且把鸡蛋黄从蛋清中挑选出来,然后再放入奶油、糖等充分搅拌。而在数据分析时,数据的清洗工作远远比这个更复杂。比如同样是销售数据,有些数据的单位是"元",有些是"万元",甚至有些销售记录是按订单统计,而有些是按单件商品统计的,总之,需要清洗的数据层出不穷,如果不清洗干净,便会导致分析的结果出现非常大的偏差。

3)数据建模:做蛋糕的第三步是需要把搅拌好的原料,倒入一个蛋糕模型中。比如有些是圆形,有些是爱心形的模型。这项工作,等同于我们要把一个个清洗好的数据放置于一个数据表格的模板中。需要注意的是,这个数据表格的结构与逻辑,必须确保是能够满足分析目的的。

4)蛋糕出样:做蛋糕的第四步,是把模型放入烘焙箱中烘焙,然后出样。同样,这也是数据分析非常重要的一步,当我们根据设定好的"模型"把数据填充好后,数据报告便基本出样了。此时,更至关重要的是,我们要对数据报告进行反复解读,确保数据报告的"说服逻辑"是顺畅而且有理有据的。

5)蛋糕美化:作为一名蛋糕师,许多人都知道要把蛋糕美化和点缀一番后,才能够有机会销售出去。而许多数据分析师却不知道这一步,他们以为,数据分析工作在前四步完成后便已经结束了,却不知道,再有用的数据与数据化建议,只有在美化后才更能打动用户。

6）切蛋糕：即使再漂亮可口的蛋糕，如果我们把一整个完整的蛋糕摆在某一个用户面前，估计这位用户即使再有食欲，也不会自己动手把蛋糕切下来吃掉。因为他怕一个人吃不完蛋糕而浪费掉。同样的道理，放在数据分析中照样实用。假设一份数据报告过长（如超过 5 个数据表格，或者 7 页 PPT），数据分析师便非常有必要把数据分析的重要结论摘抄下来，单独形成一页，并放置在数据报告的前文（这样的做法，就如同我们主动把蛋糕切下来，送给用户品尝一样）。

由于听起来很简单，而且有趣。Alex 把蛋糕的奥义讲解一番后，平日时略显严肃的大白开起了玩笑："哇，老板。你不仅教我们做数据分析，还顺便教会了我们如何做蛋糕！简直是一举两得嘛。"

俏皮的玩笑把三人都逗笑了。

Alex 用手指有节奏地敲了几下办公室桌面："下面，我们进入今天的最后一个内容，也就是做蛋糕的第 5 步和第 6 步——如何优化表格？"

2. 建立报表输出标准

Alex 转身面对投影幕布，同时用激光笔将 PPT 播放到了下一页。投影上显现的是一幅色彩靓丽的数据表，仔细一看，这份表的数据与之前的表 3-1 的完全一样，只是在原来的表上加上了一些颜色（见表 3-3）。

Alex 开始为两人解读这幅表中存在的规则："尽管两张表的数据一样的。但是将这张表，与前面的表 3-1 对比，大家会认为哪张表更好看？"

"当然是这张表更好看了。"叶子和大白几乎是异口同声地回答。

"哈哈，同意。刚好我也是这样想的。"Alex 善意地开了一个玩笑。然后接着说，"作为一名优秀的数据分析师，把数据分析结果呈现在 Excel 上绝对不是我们的目的。就如同前面所讲的'做蛋糕'一样，优秀的数据分析师会把分析结果用更漂亮并且更有可读性的表格呈现给用户。就如同表 3-3 一样。那么，我们怎样才可以做到表 3-3 这样的效果呢？其实非常简单，只要遵循一些约定俗成的规则就可以了。"

表 3-3 示例：报表输出标准

>> 类型 1：一维表

某品牌 2016 年度销售表（单位：元）	
Q1	300
Q2	255
Q3	400
Q4	750
合计	1705

>> 类型 2：二维表

某品牌 2016 年度品类销售明细（单位：元）					
	Q1	Q2	Q3	Q4	小计
上衣	105	80	160	350	_695_
下衣	80	55	120	280	_535_
连衣裙	100	105	90	80	_375_
其他	15	15	30	40	_100_
合计	300	255	400	750	1,705

>> 类型 3：三维表

某品牌 2016 年度各渠道品类销售明细（单位：元）																
	天猫				京东				唯品会				全渠道			
	Q1	Q2	Q3	Q4	Q1	Q2	Q3	Q4	Q1	Q2	Q3	Q4	Q1	Q2	Q3	Q4
上衣	74	56	96	280	16	12	35	48	16	12	16	35	_105_	_80_	_160_	_350_
下衣	52	36	66	210	16	11	42	42	12	8	12	28	_80_	_55_	_120_	_280_
连衣裙	70	74	59	60	20	21	12	18	10	11	14	8	_100_	_105_	_90_	_80_
其他	8	8	12	20	6	6	16	15	2	2	3	4	_15_	_15_	_30_	_40_
合计	203	173	233	570	58	50	105	123	39	32	45	75	300	255	400	750

某品牌 2016 年度各渠道品类销售占比																
	天猫				京东				唯品会				全渠道			
	Q1	Q2	Q3	Q4	Q1	Q2	Q3	Q4	Q1	Q2	Q3	Q4	Q1	Q2	Q3	Q4
上衣	4%	3%	6%	16%	1%	1%	2%	3%	1%	1%	1%	2%	_6%_	_5%_	_9%_	_21%_
下衣	3%	2%	4%	12%	1%	1%	2%	2%	1%	0%	1%	2%	_5%_	_3%_	_7%_	_16%_
连衣裙	4%	4%	3%	4%	1%	1%	1%	1%	1%	1%	1%	0.5%	_6%_	_6%_	_5%_	_5%_
其他	0.4%	0.4%	0.7%	1.2%	0.4%	0.4%	0.9%	0.9%	0.1%	0.1%	0.2%	0.2%	_0.9%_	_0.9%_	_1.8%_	_2.3%_
合计	12%	10%	14%	33%	3%	3%	6%	7%	2%	2%	3%	4%	18%	15%	23%	44%

听到 Alex 如此说后,叶子和大白显得更为专心了。Alex 转身走向白板,用黑色大头笔写下了制作精美表格的技巧。

建立报表输出标准:

1)表格的行与列,分别用相同色系,但色差相邻的两个颜色填充。这样,可以达到立体化的视觉效果,便于用户阅读。针对一维表、二维表、三维表,可以参照图 3-3 中的颜色填充效果。同时,关于色系的选择,在销售类报表中建议使用暖色调的色系;在退货或成本相关的报表中,建议使用冷色调的色系。

2)表格的字体:标题用"宋体"11 号字体、表格中其他汉字及数字均用"微软雅黑"9 号字体。

3)关于数字的处理:表格中所有数字,均要使用千分位记数法,同时过大的数字无须保留小数位,过小的数字可以保留 1～2 位小数,另外,表格中的数字的单位一定要在表格中备注好。

4)关于小计与合计:表格中所有小计类数据均为斜体,并加单下划线;所有合计类数据,需要加粗,加双下划线,并且用淡灰色填充。

5)关于表中重点/异常数据:对于表格中的重点数据,或是异常数据,必须用亮黄色填充,并用红色字体凸显,如此可引导表格的读者迅速发现数据重点,或异常数据。

当 Alex 在白板上边写边说的时候,叶子和大白认真地做着笔记,同时也不忘去对照 PPT 上的那个表格(表 3-3),揣摩这些"美化表格"的技巧。

约两分钟后,Alex 看到两人已经放下了笔。便继续总结道:"一名数据分析师是否专业和优秀,从他所做的表格便可看出一二。如果数据表格杂乱无序，而且视觉上也丝毫不能吸引读者审阅的话，那么他一定不是一名优秀的数据分析师。"

"最后，大家发现没有，在表 3-3 的'三维表'部分比表 3-1 中要多出一个显示为百分比的表格。这也是表格优化的一种技巧。在实际分析场景中，我们常把结构复杂、数据绝对值过多的表格，转化为百分比表格。这样，我们一眼就可以从表格中找出重点数值与异常数值。"

叶子若有所思地点了点头，并暗自把这一重要技巧记在了心上。

至此，今天的课程已经结束了。当三人各自收拾着笔记本等物资离开会议室时，叶子又一次看到高楼窗外人行道上匆匆忙碌的人影。她暗自对自己说："看吧，所有人都在为了自己的梦想而奋斗。我也是如此！数据分析师，我离你已经越来越近了。"

第 10 课　简单而实用的三大分析方法

在一家年销售额不到 10 亿的电商公司，数据分析师需要哪些"专业技能"？如果有人建议你去学习 R 语言、tableau、PowerBI，那么我建议你不如先从最基础也是最核心的数据分析方法学起。

在一家年销售不到 10 亿的电商公司（行业中大部分电商企业年销售可能都不到 1 个亿），你只要掌握一些基础的数据分析方法，再配合 Excel 表格，就足够你完成各种数据化运营工作了。

本节课主要介绍数据分析的三大基础方法，分别是对比分析、细分分析、转化分析，在电商数据分析中，由于通常涉及的数据量并不大，这三者是非常基础而且常用的数据分析方法。

对比

最近几天，叶子和大白信心大涨。因为 Alex 交代给他们的一些数据捞取和数据处理类的工作，两人总是能够迅速而准确地完成。两人不满足于此，开始主动向 Alex 争取一些数据分析的工作。Alex 只是笑笑，略带神秘地说："你们离一名初级的数据分析师，还差一节课的距离"。

今天，距离初级数据分析师的最后一节课即将开始了。两人快步走向会议室，Alex 带着他的教学标准三件套（笔记本电脑、大头笔、茶杯）如约而至。

"今天的内容主要是讲解日常数据分析中，最常用的三大数据分析方法。内容虽然简单，但是其中充满了大量的细节方面的实用技巧，希望你们能够认真体悟。"

"好的，老板。"叶子以一贯的活泼语气回答。

Alex 转身在白板上写下第一个数据分析方法——对比。

"对比是所有数据分析方法中最基础，也是大家耳熟能详的一个。俗话说，无对比，不分析。说的就是对比分析法了"。

"在实际分析场景中，对比有不同的应用维度。比如有环比、同比、横比、纵比、绝对值对比，相对值对比等。下面我们分别解释一下它们的不同应用场景。"

1. 绝对值对比与相对值对比

从概念上而言，绝对值包含正数、负数和零值。在电商数据分析中，一般是指正数之间的对比较多，如销售额、退货额等；相对值对比，则是指转化率、完成率等这类相对数之间的对比。

2. 环比

环比是指统计周期内的数据与上期数据的比较，比如 2017 年 6 月数据与 2017 年 5 月数据的比较。

在电商数据分析中，由于每个自然月之间的销售差额比较大，如果采用绝对指标，便很难通过对比观察到业务的变化。因此，一般会采用相对指标来做环比分析，如 2017 年 6 月的销售达标率是 102%，2017 年 5 月的销售达标率是 96%；这样便很容易知道两个月度之间转化率的好坏优劣了。然而，如果我们用绝对值来对比：2017 年 6 月销售额 500 万，2017 年 5 月销售额 300 万，这样的对比便很难判断究竟哪个月的销售额完成得更好。

3. 同比

同比是指统计周期内数据与去年同期数据之间的对比，比如 2017 年 6 月销售额是 500 万，2016 年 6 月销售额是 450 万，同比增加 11.1%。

在电商分析中，同比是应用最广泛的数据分析方法。通过同比，我们能大致判断店铺的运营能力在最近一年中，是保持增长还是呈下滑趋势。

同时，也可以根据同比增长趋势，来制订初步的销售计划。如表 3-4 所示，假设现在店铺流量同比下降 8%（流量下降是平台趋势），客单价保持不变的情况下，要想实现店铺销售业绩的上升，唯有提升转化率。因此，我们通过表 3-4 的模拟推算，可以得知，当转化率提升 21%，到达 0.35% 时（0.35% 转化率被认为是行业的平均值），业绩会提升 11%。

表 3-4　店铺销售计划推算模拟表

	UV	RATA	客单	EC
6 月计划	3 000	0.35%	500	5 250
同期	3 261	0.29%	500	4 725
同比	↓ −8%	↑ 21%	—	↑ 11%

4. 横向对比与纵向对比

所谓横向对比与纵向对比，是指空间与时间两个不同的维度之间的对比。横向对比是空间维度的对比，指同类型的不同对象在统一的标准下进行的数据对比。如"本店"与"竞品"之间的对比；纵向对比是时间维度的对比，指同一对象在不同时间轴上的对比。如前面提到的"同比""环比"都是纵向对比。

5. 份额

严格地说，"份额"属于横向对比的一种。由于在实际分析场景中它经常会被忽略，因此单独罗列出来，加以说明。

在某些情况下，数据表格中多一个"份额"，会让表格清晰明了许多。

如表 3-5 所示，假设我们要分析"某品牌天猫、京东、唯品会三大渠道"的"上衣、下衣、连衣裙和其他"在"Q1～Q4 季度"的销售趋势和表现。常规的分析方法是，按照表 1 的表格结构，将各种数据有层次地展现出来。这时，所有的销售数据在表格中可以层次分明地一览无余。

但是，如表 1 这般的数据却不能直观告诉我们每个销售类别在不同渠道和不同季度的销售趋势是什么。因此，在数据分析中便需要加入表 2 这样的"份额"分析表格。如此，我们便可一目了然地掌握每个类别在不同渠道、不同时期的销售趋势。因此也就达到了数据分析的目的。

很多数据分析师往往只是完成了"表 1"的分析步骤，却缺少临门一脚，没有把"表 2"也同步呈现出来。

Alex 抬腕看了一下手表，看似简单的"对比"分析法，他花了将近一个小时的时间，为叶子和大白进行了详细的讲解和案例演示。此时，两人正在用笔快速地记录着笔记。

表 3-5　以份额处理的数据表格

>> 表 1：常规的数据表格

某品牌 2016 年度各渠道品类销售明细（单位：万）

	天猫					京东					唯品会					全渠道				
	Q1	Q2	Q3	Q4	小计	Q1	Q2	Q3	Q4	小计	Q1	Q2	Q3	Q4	小计	Q1	Q2	Q3	Q4	小计
上衣	74	56	96	280	506	16	12	35	48	111	16	12	16	35	79	105	80	160	350	695
下衣	52	36	66	210	364	16	11	42	42	111	12	8	12	28	60	80	55	120	280	535
连衣裙	70	74	59	60	262	20	21	12	18	71	10	11	14	8	42	100	105	90	80	375
其他	8	8	12	20	47	6	6	16	15	43	2	2	3	4	10	15	15	30	40	100
合计	203	173	233	570	1178	58	50	105	123	336	39	32	45	75	191	300	255	400	750	1705

>> 表 2：以份额处理的数据表格

某品牌 2016 年度各渠道品类销售占比

	天猫					京东					唯品会					全渠道				
	Q1	Q2	Q3	Q4	小计	Q1	Q2	Q3	Q4	小计	Q1	Q2	Q3	Q4	小计	Q1	Q2	Q3	Q4	小计
上衣	4%	3%	6%	16%	30%	1%	1%	2%	3%	6%	1%	1%	1%	2%	5%	6%	5%	9%	21%	41%
下衣	3%	2%	4%	12%	21%	1%	1%	2%	2%	7%	1%	0%	1%	2%	4%	5%	3%	7%	16%	31%
连衣裙	4%	4%	3%	4%	15%	1%	1%	1%	1%	5%	1%	1%	1%	0.5%	2%	6%	6%	5%	5%	22%
其他	0.4%	0.4%	0.7%	1.2%	3%	0.4%	0.4%	0.9%	0.9%	2%	0.1%	0.1%	0.2%	0.2%	1%	0.9%	0.9%	1.8%	2.3%	6%
合计	12%	10%	14%	33%	69%	3%	3%	6%	7%	20%	2%	2%	3%	4%	11%	18%	15%	23%	44%	100%

细分

Alex 放下手中的茶杯，继续讲解起来。

"细分，是一种从概念上理解非常容易，但实际应用起来却很难的分析方法。"

"细分分析法，常用于为分析对象找到更深层次的问题根源。难点在于我们要理解从哪个角度进行'细分'与'深挖'才能达到分析目的。就好像高中课程中解几何题一样，如果找对了'解题思路'，问题就迎刃而解；如果'解题思路'错了，劳心费力不说，问题还解决不了。"

Alex 形象的比喻，很快就让叶子和大白把"细分"跟"解题思路"划上了等号。两人对'细分'有了一个基础而又重要的理解。

"在实际应用中，细分有许多不同的方法，就如同我们在解题时，有各种不同的'解题思路'一样。有时候，面对同一个问题，两个不同的解题思路都可以达到解题的目的；但更多时候，只有唯一正确的解题思路才可以正确地解题。所以，在分析之前，选择正确的'细分'方法便非常重要。"

"下面，我们就具体来看一下，在细分分析中，有哪些解题思路。"

1. 分类分析

就是指对所有需要被分析到的数据单元，按照某种标准打上标签，再根据标签进行分类，然后使用汇总或者对比的方法来进行分析。

在服装行业中，常用于做分类分析的标签有"类目""价格带""折扣带""年份""季节"等。通过从"年份""季节"的维度来对商品库存进行细分，我们可以轻松地知道有多少货属于"库存"，有多少货属于"适销品"；通过从"折扣带"的维度来对销售流水进行细分，我们可以大致知道店铺的盈利情况；通过从"类目"的维度对销售流水和库存同时进行细分，我们可以知道统计周期内品类的销售动态与库存满足度。

2. 人—货—场

"人—货—场"能够为人提供宏观视野的分析。其原理类似于分类分析，即将所有需要被分析到的数据单元，打上"人""货""场"的标签，然后再进行相应的数据分析与处理。

"我们在第6课所讲的数据指标时，用的不就是'人—货—场'的分类方法吗？"叶子忍不住打断了Alex的讲解。

"是的，第6课就是把所有数据指标都按'人—货—场'的逻辑来分类，然后再讲解的。但是，那只是'人—货—场'的简单应用。在实际应用场景中，'人—货—场'分析法往往被灵活运用在初步诊断某一竞品店铺时。"Alex回答了叶子的问题，并且举例说明。

如图3-3所示是利用"人—货—场"逻辑方法来分析竞品店铺的主流思路。在分析之前，先把"解题思路"用"人—货—场"的方式罗列出来，把所有能够想到的有用的"分支"都罗列出来，然后查漏补缺、标注重要与非重要。最后，再按此"解题思路"来进行分析。便可达到事半功倍的分析效果。

3. 杜邦分析法

细分分析方法中，还有一种知名的分析方法，叫"杜邦分析法"。在电商数据分析中，杜邦分析也是常被使用的分析方法之一。

百度百科中对杜邦分析的解释是："杜邦分析法（DuPont Analysis）是利用几种主要财务比率之间的关系来综合分析企业的财务状况。具体来说，它是一种用来评价公司盈利能力和股东权益回报水平，从财务角度评价企业绩效的一种经典方法。"由此可见，杜邦分析主要是用于企业的财务分析之中。

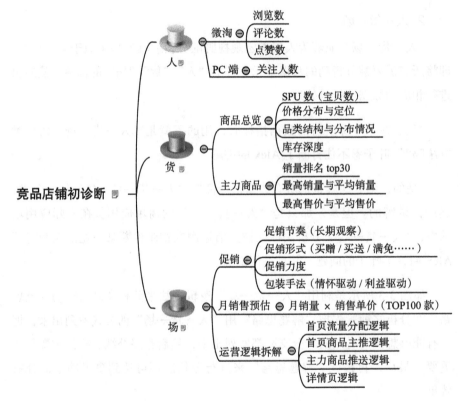

图 3-3 利用"人—货—场"细分方法初步分析竞品店铺

但是在电商中，杜邦分析常被用于寻找销售变化的细小因素之中。如图 3-4 所示，便是根据杜邦分析原理，将所有影响到销售额的量化指标都统计出来的一种常用分析方法。此种方法，有助于我们从细小的数据颗粒中找到影响销售变化的元素。

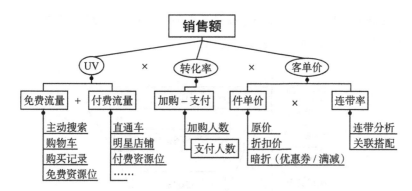

图 3-4 销售变化的原因分析

转化

讲解完"细分"之后，Alex 稍微停顿了两分钟，等叶子和大白做好记录后，又继续讲解起来。

"三大基础分析方法的最后一个，叫'转化'分析。"Alex 提高了音量，开始了今天最后一个课程的内容。

转化分析是电商、游戏等互联网行业的特定分析方法，在传统行业的零售分析中并不常见。转化分析常用于页面跳转分析、用户流失分析等业务场景。

转化分析的表现形式一般是选用漏斗模型，如图 3-5 所示，便是模拟了某电商店铺的流量转化情况，并以漏斗图的形式展现出来。

这张图模拟了从店铺的浏览商品人数到加购人数，然后生成订单、支付订单，直到最后支付成功的漏斗示意图。

从图 3-5 的示例中，反推"转化"分析方法，我们应该得到以下结论：

1）转化分析方法的前提，是我们需要首先确定一条"转化路径"（如

图 3-5 左侧的路径所示），这条路径就是我们的"解题方法"，是决定我们接下来的分析能否达成目标的重要因素。

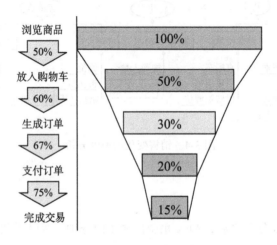

图 3-5 电商常见的流量转化漏斗图

2）当"转化路径"确定后，我们需要把"路径"中的各个"节点"罗列出来，并把节点下的重要数据统计出来。

3）最后，根据路径把各节点的数据用漏斗图的形式表达出来。

同时，转化分析还可用于店铺微观方面的"转化"洞察。譬如在某一次店铺举行大促活动时，我们需要分析大促期间"活动二级页"的流量转化效果如何。此时，我们便可以参照如图 3-6 所示的漏斗模型。

在以上案例中，我们将转化路径定义为"活动页→详情页→支付页面（下单）→支付成功（购买）"四个节点。然后统计每个页面的流量到达数量，于是得出如图 3-6 所示的漏斗图。通过此图，可以清晰明确地诊断出此次活动二级页在"下单→付款"环节转化率仅 40%，存在一定问题。在支付界面的流量跳失，很可能是价格过高所致。

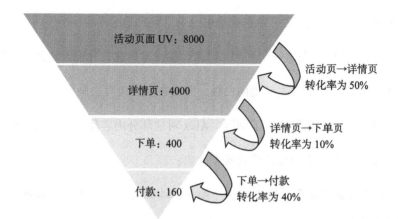

图 3-6　活动页效果分析的漏斗图

用两个案例为叶子和大白讲解了"转化"分析的方法后，今天的课程内容已经完结了。Alex 轻轻地从白板位置走回办公桌前，叶子和大白也放下手中的笔，不约而同把双手举过肩膀，伸展了一下身体。

小结

3 分钟后，Alex 示意"放风"时间结束。三人于是停止了闲聊，回到座位上。

Alex 说："现在，我们第三部分的课程内容已经完成。我们再来回顾一下这一阶段的主要课程内容。"

Alex 所说的"回顾"，就是现场提问，对叶子和大白两人进行一场轻松的考核。

"叶子，一维表、二维表、三维表，它们的区别是什么？利用怎样的技巧可以快速构建表格？"

叶子微笑着回答，"一维表就是指……二维表是这样的……"

"大白，你能分别举一个利用'对比''细分''转化'分析方法的案例吗？"

大白犹豫了一下，主动走向白板，开始在上面边写边画……

十几分钟后，他们结束了回顾，Alex对这部分内容作了最后的总结。

在第三阶段，我们需要掌握两个技能：

1）根据分析需要，快速建立一维表、二维表或三维表，并按统一标准美化数据表格；

2）掌握对比、细分、转化这三大"简单而实用"的数据分析方法，选择正确的"解题思路"来完成数据分析。

"最后，我们还要明白：一份好的数据报告，必须是有骨、有肉、有魂的。'骨'就是指表格结构，包括选用一维表、二维表，还是三维表，以及需要用到哪些'指标'和'维度'；'肉'就是指需要按照统一的美化标准使表格更加具有可读性；'魂'就是指需要选择恰当的分析方法（对比、细分、转化，也可能是多重组合的方法）进行数据分析。"

Alex以一个拟人的比喻，将第三部分的课程内容总结了一遍。叶子和大白以热烈的掌声回应Alex，这样的课程听起来简单而实用，远比第一部分的电商业务知识容易理解多了。

三人相继离开了会议室。

下一次，他们将开始新的征途。

| 第 4 章 |

向双 11 进军,数据分析实战开始

本章将之前学习的电商业务知识与数据分析技巧有效的融入到实战案例中,使读者在尽量真实的工作场景下,学习并掌握到切实可用的数据分析方法,并且透过数据直指背后的业务真相,达到数据化运营的最终目的。

第 11 课 店铺的诊断分析方法

本节课主要介绍对店铺自我诊断的方法,利用用户数、人均消费额、复购率三个基础指标对店铺进行最近 3～5 年的纵向数据对比,并且结合店铺的运营趋势。可以从数据层面帮助店铺找出当前运营中可供优化的地方,并且给店铺的来年运营计划与预算提供指导。

大白痛苦转型中的自我怀疑

自从上次课程之后,叶子和大白已经连续一周没有再见到 Alex 了,

Alex 应邀去杭州的阿里巴巴公司出差。出差之前，Alex 把部门的"日报"与"周报"的制作任务分派给他们，并且吩咐老同事帮他们检查与纠正。

以大白和叶子现在的数据分析水平，这种已经形成固定格式的数据报告的制作，对他们没有太多的挑战。甚至他们在制作后，还可以利用已知的电商业务知识对周报与日报进行一定深度的解读。

不过，在"悠闲"地完成周报与日报之余，大白特别爱胡思乱想。在本周一便发生了这样的一件"小事"，让大白再一次怀疑自己的喜好与价值。大白在分析周销售数据时发现了这样的一组数据（见表4-1）。

表4-1 2016年4月第3周销售分析

	净销售额	净达标率	EC销售额	EC达标率
周	599 706	90%	715 591	85%
MTD	1 619 996	118%	3 063 332	98%
月度	1 645 048	94%	3 123 105	91%

这组数据让大白产生了不少疑惑：

1）为什么本周 EC 达标率才 85%？

2）为什么 MTD 的 EC 销售额不达标，而 MTD 的净销售额却超标了？

3）本期 MTD 中有约 140 万退货，退货率将近 47%，是什么原因导致了如此高的退货率？

大白反复确认了数值的准确后，便踏上了解惑之旅。首先，他用刚学会的细分分析法，把本周 EC 销售额进行了拆解（见表4-2），以便从中找到业绩不达标的重要元素。

在这个按照"杜邦分析"原理拆解而来的表格中，大白很容易就发现了："流量不足"正是导致本周销售不达标的主要原因，而且流量还出现了环比下跌的现象。

表 4-2 周销售指标拆解

运营指标（本周）

渠道	EC 指标	订单数	UV	转化率	客单价	件单价	连带率
天猫	实际	2 140	161 390	0.85%	522	420	1.28
	达成率	86%	80%	120%	102%	100%	102%
	环比	↑ 87%	↓ −18%	↑ 92.7%	↓ −12.7%	↓ −13.9	↑ 1.3%

那么，究竟是哪一部分流量出现问题了呢？

大白打开生意参谋，仔细比对每个流量来源的流量数据，他发现一个奇怪的现象：本周减少的流量竟然是平日最稳定的"站内搜索"一项。"这就奇怪了，难道是本周店铺被搜索降权了吗？"大白如此想的时候，继续往下查看诊断结果，终于证明了他的猜想（见图 4-1）。

图 4-1 店铺降权示意图

至此，大白终于找到了本周店铺销售不达标的主要原因。至于另外两个有关 MTD 达成率的问题，大白琢磨了一下后就明白过来了，这是因为天猫店铺在 3 月 26 日做了大型品牌团活动后，有大量退货产生在本月前两周所致。

然而短暂的兴奋之后，大白很快又陷入了淡淡的迷茫与沮丧之中。"这样一个简单的原因，真的值得我大费时间精力去刨根问底吗？"在 Alex 出差的这一周之中，大白经常会无故出现这种迷茫与沮丧的情绪。"电商数据分析总是从流量、页面、商品这样细小微观的角度来分析,这是我喜欢的工作内容吗?""电商就是一个平台,然而他却需要了解那么多复杂的经营理念,虽然说这些理念有用,但是电商运营真的是我感兴趣的方向吗?如果感兴趣,为什么我会感觉学习起来如此辛苦呢?""我希望的是战略分析、商业分析、大数据分析等,现在做的这些和做表格有什么区别"……大白发现,自己只要一闲下来,就会陷入无端的自我怀疑之中。

"也许这是自己内心最真实的想法,这份工作太细致了,并不适合我。"大白心里想着,他决定等 Alex 出差回来后,要找时间和他单独聊聊。

自店诊断的三基分析法

周二,Alex 已经从杭州出差回来了,并且给部门的同事每人都带了一份不错的手信。部门一时之间,热闹无比。

下午 2 点,叶子和大白如约走进会议室,今天他们将进行暂停了一个星期之久的带教课程。

"下午好,两位。"Alex 早已神采奕奕地在会议室等候了。

"我离开的这一周里,两位有什么新的想法与感悟吗?"Alex 笑呵呵地问道。

"没有,没有。最近我们就是在很认真地工作,哈哈。"叶子笑嘻嘻地回答,大白偷瞄了一眼,欲言又止。

Alex 没有注意到大白的异常,也许是注意到了,但他要等大白主动来找自己。

"今天开始,我们将进入课程的第三阶段——实战演练阶段。在这一阶段中,我精心收集了大量来自实战场景中的案例,这些案例都是融合了业务与数据逻辑的常用案例，我们的课程便是从这一个个案例着手。"

Alex 说完后，转身在白板上写下五个大字——"三基分析法"，示意这是今天要讲解的内容。然后，他转身向两人提问。

"想象一下，如果你是某家电商公司的总经理，你要关注的经营数据有很多，其中你最关心的是哪些？"

叶子脱口而出："销售额、流量、转化率。"

大白有不同的答案："销售额、销售达标率、成交用户数。"

Alex 笑而不语地看着两人，用片刻的沉默告诉两人，他们的答案都不对。但并没有直接揭晓答案，他问道："你们有看过《合伙中国人》这个节目吗？"大白和叶子都表示没看过。

Alex 打开笔记本电脑和投影仪，把他电脑上早就准备好的一段《合伙中国人：MSS 说话式唱歌项目》的视频放映了出来。

熊晓鸽：商业模式是怎样的？

姚劲波：你授课还是你的学员授课？是怎样收费的？

龙宇：有多少学员？

熊晓鸽：想一下，五年以后公司有多大？销售额有多少？

几分钟后，Alex 问道："你们注意到视频中各位 VC 大佬们对创业者提了哪些问题了吗？"

叶子掰着手指数道："学费、学员、销售额。"

"对的。如果换成电商中常见的数据指标，就是指客单价、用户数、销售额。实际上，如果我们经常看这类节目的话，就会发现，作为资深的风险投资专家，他们关注和评判一家企业，不外乎就是从'商业模式''用户数''平均销售金额'三大方面来评判。"

Alex继续总结，"同样，在数据分析中，我们也有评判一家企业的常用的数据指标，那就是——'用户数''平均销售金额'和'复购率'，通过这三个指标来评判企业运营状态的方法，就叫三基分析法。"

1. 用户数

用户数的多少可以反馈品牌对市场的影响力，并用来评估品牌所占领的市场份额；

在《合伙中国人》的节目中，风投专家们经常会问的问题是你的用户是谁，其本意就是想通过这个问题来了解创业项目的目标用户群，并判断用户群（目标市场）的大小。

在电商行业中，用户数是指成交后的买家数。通过买家数的多少，以及买家数的年均增长情况，来判断店铺当前所处的运营状态，并且是否保持增长的态势。

2. 平均消费金额

平均消费金额其实可以理解为平均（每人）消费金额以及平均（每单）消费金额。这里是指人均消费金额，也就是前者。通过人均消费金额，可以评估品牌的消费人群定位，以及盈利期望是否合理。

譬如某家做年轻女性职场服装的电商品牌将人均消费金额定义为2000元，以常理度之，这种定义可能是不太适合的。因为人均消费2000元，至少意味着用户需要年均消费两次，且每次不少于1000元；或者用户需要年均消费3次，且每次不少于700元。对于年轻职场女性而言，客单价在700元或者1000元左右，这种定位是相对较高的。同时在电商业态中，要完成平均复购率在 2.0 甚至 3.0 这也是非常不容易的。因此，除非店铺另外有其他的核心因素能够使用户成交，否则我们可以评判说这家店铺的人均消费 2000 元定位是偏高的。

3. 复购率

复购率在零售行业中是非常重要的一个指标。

以服装为例，复购率高的品牌，其用户忠诚度非常高。品牌调性、产品，以及服务质量都得到用户的认同。同时，在电商企业中，复购率高的品牌，对"付费流量"的依赖相对较低，因此可以节省更多的市场推广费用。这部分资金便可以使用到其他方面去，比如提升售后服务质量、改良产品质量等，这样便可以形成一个有益的经营循环。

相反，如果是复购率低的品牌，说明其对"新客户"的依赖非常大。无形之中增加了店铺经营的成本，同时也侧面表明品牌并未形成有效的核心竞争力，或者其核心竞争力没有得到用户认可。

以时尚女装的电商店铺为例，行业可参考的复购率一般在 18%～40% 之间。如果低于这个值，说明店铺的复购率过低，店铺对流量的依赖相对较大；高于这个值，证明店铺的服务体验或产品力方面已经高于同行。

Alex 解释完三基理论的基本概念后，叶子迫不及待地提问："那么，三基分析法到底怎样用呢？"

"问得好！"Alex 表扬了叶子毫不放松的学习态度。然后快步走到电脑前，把他提前做好的一份数据分析报告（见图 4-2）呈现给两人看。

等两人简单浏览完这个表格后，Alex 为他们讲解起来。

"以上是某电商店铺 2014～2016 年期间的'三基分析'数据。我们先看这份表的数据结构：它是把用户数、人均消费金额、复购率作为三个基础数据指标，然后依次回顾最近三年的表现。并且在回顾的时候也根据不同的维度来进行分析与对比。"

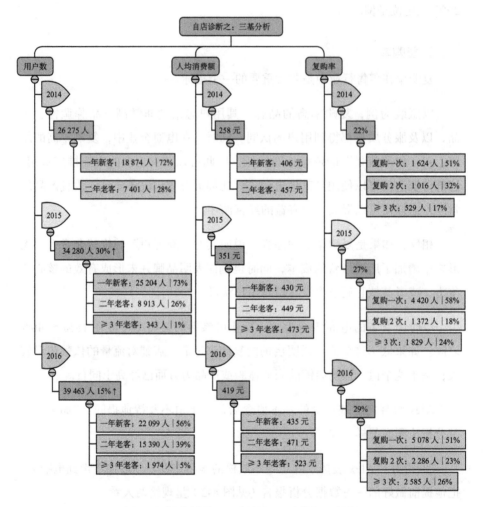

图4-2　某店铺最近三年的"三基分析"数据

"其次，通过这份表，我们可以对店铺作出哪些诊断结论呢？"Alex自问自答。

1）2014年的用户数中没有三年老客，间接证明这是一家成立于2013年的新店。

2）2014年、2015年两年期间，店铺花费了相当大的精力用于"新客引流"，并且取得了30%的用户数增长。

3）从2016年开始，店铺的新老客占比接近5:5，店铺已经不再完全依赖于"新客引流"，间接证明店铺的流量结构已经趋于合理；同时复购率的增加也直接证明店铺近两年在"老客维护"方面取得不小的进步。

Alex稍顿了下来，让叶子和大白有个消化和理解的时间。

一分钟后，他继续讲："最后，在回顾了最近三年的重要经营数据后，我们还可以在此基础上制定店铺的经营目标与战略方向（见图4-3）。"

在上例中，经过简单的数据预测，在三基模型中，我们可预估2017年的销售目标。其预估背后的业务逻辑是："使成交客户中的新老客比例更加接近于5:5，因此，必须要重点提升老客在2017年度的销售贡献"（这种逻辑是符合店铺2015～2016年运营策略的）。因此，在数据分析层面上的反映便是"使2016年终约1.5万名老客的购买行为能够顺利延续至2017年"。

经过这样的拆解，我们很容易就知道，店铺2017年的经营战略重心，是在"客户服务"上面。提升客户购物体验、刺激更多老客户回头购买等是必要的手段。

同时，通过以上的三基分析，我们可以用"用户数 × 人均消费额"的公式来推算出店铺2014～2017年的销售额及增长情况（见表4-3）。换而言之，以三基分析模型下的数据为依据，2017年预计销售将增长32%，达到2178万左右。

至此，Alex对于"三基分析"的所有课程内容都已经完成了。趁叶子和大白还在笔记本上飞快地做着笔记时，Alex 端着茶杯慢慢喝起了茶。

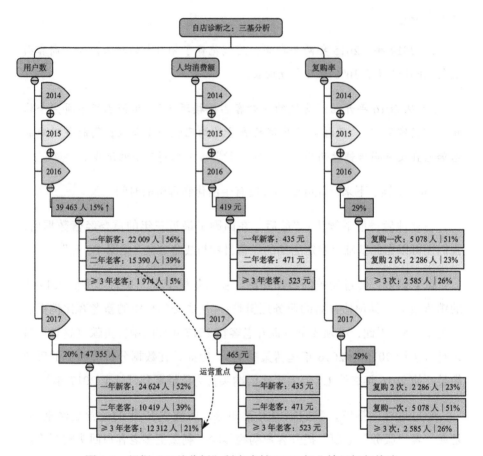

图 4-3　根据"三基分析"制定店铺 2017 年业绩目标与战略

表 4-3　由三基分析推算出的近四年销售额与增长情况

店铺 2014-2017 销售与增长		
年份	销售额	增长率
2014	11 045 101	-
2015	12 032 280 ⇧	9%
2016	16 534 997 ⇧	37%
2017（E）	21 782 298 ⇧	32%

坚持住，大白

当 Alex 宣布课程结束，清点笔记准备离场时，大白鼓起勇气对 Alex 说："我可以单独和您聊聊吗？"

Alex 诧异了一下，然后示意叶子先行离开会议室。

"呃，是这样的，在您出差的这一周中，我有些情况需要和您同步一下。"大白有些支支吾吾。

Alex 脸色回归严肃，"没关系，有什么事情，你直接说吧。"

"好吧，我想离职……"

十分钟后，大白把心里的焦虑、怀疑、迷茫，向 Alex 一一道来。这更像是一种承担了太多心理压力下的一种倾诉，越说语气越平静。

等大白说完之后，Alex 平静地问他："那么，你认为数据的作用仅仅是用来寻找销售出现的问题吗？"

大白沉默，显然他现在没有更准确的答案。

Alex 又问："大白，再过一个月，我就可以把你带成一名优秀的数据分析师，你相信我吗？"

大白不由地盯着 Alex 的眼睛，真诚、自信、坚定，这就是 Alex 的眼神中透露出来的信息。

"我相信您！"大白从干渴的嘴唇中蹦出了这句话。

"很好！"Alex 看着大白，"大白，你放心吧。最多再有一个月，你就会明白，数据分析的价值绝不是你看到的这样。"说完后，Alex 又拍了拍大白的肩膀。

大白发现一向自诩冷静的自己竟然有些热泪盈眶了，他不禁反思，"看来这段时间我给了自己太大的压力，Alex一走之后，我就找不到方向了。"

Alex好像看出大白的懊恼："其实在转型之中，有这种情绪是很正常的。所有转型之中的人都会有这种情绪，我还担心你会在双11才会有这种想法呢。"

"坚持住吧，大白！相信自己选择的方向没有错，再坚持一个月！你一定不会后悔的。"Alex再次对大白鼓励道。

"谢谢您，老板！"大白忍不住有些哽咽。

第12课 店铺的流量分析

在如今流量越来越珍贵的运营环境中，清楚地知道店铺的流量从哪儿来，到哪儿去，流量最常经过哪儿，以及流量路径如何构建与优化，是所有电商从业者关注的焦点。本节课介绍了许多电商从业者最关注的问题——从哪里获取更多的流量？哪儿来的流量最有效？自家店铺中流量最集中的页面在哪儿？以及对运营与店铺页面逻辑设计而言最宝贵的——如何制定和优化自家店铺的流量访问路径。

电商大促：双11要来了

Alex的办公室是一间约20平方米的独立办公室，位于办公楼主通道的尽头，略显低调而神秘。

作为事业部的总经理，Aaron平时很少主动来Alex的办公室。但今天，他却慢慢走过来，敲开了Alex办公室那晶光透亮的玻璃门。

Alex连忙从电脑桌前起身，把Aaron迎向门旁的米白色商务沙发上。Aaron向Alex简单说明了来意。原来他是来了解Alex上周去杭州的阿里巴巴公司出差的详细情况，以及智能商业部最近的整体表现的。

Alex 动作迅速而又有节奏地摆弄着茶几上的功夫茶具，迅速把水装好，然后等它烧开。同时向 Aaron 汇报工作。

"我正想向您汇报呢。上周阿里的'KA 商家大会'主要有几个重点内容：一是天猫和淘宝对我们透露了今年双 11 的活动节奏以及主要营销点。今年双 11 的主题是'品质生活'，平台会着重吸引一些优质流量给到我们 KA 商家，因此平台也要求我们要多备一些尖货和新款来冲刺本次活动……"

"同时，本次阿里还重点强调了数据化运营的概念，阿里数据委员会会长亲自登台演讲，称现阶段电商的运营，不再是流量之间的争斗，而是数据之间的运营战斗。从今年起，阿里官方将举行名为'数据先锋'的商家评选活动。在评选中优胜的商家将获得平台更多的资源倾斜……"

Alex 一边详细地汇报着这次阿里 KA 商家大会的重要内容，一边将泡好的茶送到 Aaron 的桌前。两人边喝茶边讨论着会议的内容，Aaron 很关注数据化运营的信息，他时而点头，时而轻声问一两句。

"你们部门组建快 3 个月了吧。现在你们部门处在什么阶段了？有什么新的心得和想法吗？"Aaron 突然提高了些许音量问了一句。

Alex 心里微微一惊，组织了一下语言后，小心翼翼地回答："到这个月 20 号，我们部门组建就有三个月了。这三个月中，前面两个月，我们主要精力都放在建立事业部的公共基础数据库上面，目前为止，数据库已经收录了在售的所有商品信息、过去两年的平台销售数据，以及平台活动数据、过去两年的用户资料库等在内的数据资料。在公共数据库的基础上，从上月起，我们定期为事业部其他业务部门提供《数据周报》和《数据月报》，这些报表是综合了各个业务部门需求，再结合数据运营逻辑后确定的模板与框架。"

"同时,在上个月,我们部门的人员编制也招聘齐备了。包含上月新招的两名数据分析师在内,我们共有四名数据分析师。其中新招的两名目前正在带教中,他们之前已经有商品和数据逻辑方面的特长,所以目前进步还是比较快的。"

在 Alex 汇报的过程中,Aaron 一直没有喝茶,他听得很用心。等 Alex 讲完后,他微笑地看着 Alex 说:"嗯,不错。在来你这之前,运营部与推广部的负责人都跟我表示,有了你们的周报和月报后,他们的工作也变得更加清晰而且有条理了。"

接着,Aaron 又稍带严肃地说:"在你们部门的具体管理上,我不干预。我只提出一个要求:这次双 11 活动,我需要看到商业智能部能够对运营提出具体而且专业可行的运营方案和参考意见出来。让其他业务部门具体看到你们'参谋长'的作用。同时,你别忘了,我也需要向总部汇报你们部门的最新情况。"

Aaron 说完后,目光炯炯地盯着 Alex。

Alex 呵呵一笑,对 Aaron 说:"我接受你的任务。其实从阿里回来后,我就一直在想这次双 11 活动中,我部门的安排和筹备。"

Aaron 也笑了:"你有什么想法?说来听听。"

"我想从本次双 11 开始,我们商业智能部应该要每月组织运营、商品、市场推广、客服、物流等业务部门举行一次月会,当然,月会最好能有您的参加。"

"我这样想的出发点是在于:目前我们事业部没有跨部门的月会机制,商业智能部应该作为连接各大业务部门的一座桥,每月进行一次月度销售计划的碰头会。但我们只是作为主持和串联作用，同时提供一些必要的数据支持。在月会上，主角应是运营、商品、推广等核心业务部门。他们应该在月会上就本月如何达成销售业绩目标而形成统一的共识。"

Alex语音刚落，Aaron便理解了他的意思。"很棒的想法！这正是我想要解决的问题。那么，这件事便交由你来做了。不过，我认为你们的月会应该要提前一个月，譬如在8月初的月会，我们就要确定好9月份的销售目标，并且各大业务部门就如何达成目标要形成统一的共识。这是因为电商的属性，电商平台的活动一般要求提前一个月来报名和筹备。"

约30分钟后，Aaron走出Alex的办公室。

在有关"数据化运营"的话题，以及"月会"的组织上，他们达成了初步的共识，并且约定由Alex做好详细的计划后，双方再来进一步讨论。

流量从哪里来，到哪里去

把Aaron送走后，Alex回到刚才的位置上。继续思考着"月会"与"桥"的问题，他准备尽快把"月会机制"建立起来，以便更好地辅助事业部完成这次双11活动的销售目标。

在沉思中，时间总是过得很快，叶子和大白来敲门提醒他应该去会议室给他们讲课了。Alex不想马上中断这次思考，他抱歉地示意两人先去会议室等候几分钟。

5分钟后，Alex拿着标准性的"三大件"赶到办公室，大白连忙为他拉开门。

"下午好，两位。今天的课程内容是店铺的流量分析思路与案例，内容点有些多。所以我们便直接开始吧。"

在叶子和大白的帮助下，Alex 把电脑接到投影仪上，然后打开早已准备好的 PPT。

1. 流量来源分析：流量从哪里来？

"首先，我们先来科普一下基础知识。"Alex 把 PPT 翻到第一页（见表 4-4）。

表 4-4　店铺流量来源及转化质量

流量来源	转化率	说明
搜索（站内/站外）	高	1）主动搜索代表明确的购物意愿； 2）影响搜索流量的重要因素是关键词
硬广（首焦/钻展/频道轮播图等）	低	1）流量大但精准度低； 2）吸引新客到店，促进后续 3~10 天内成交
淘宝客	—	1）通过佣金付费； 2）转化率根据单品不同差异较大
站内活动（聚划算/淘金币/类目促销等）	高	1）活动基本以宝贝单品参加； 2）由于活动有促销机制，转化高； 3）活动会带动非活动商品的关联销售
直通车	中	1）新客为主； 2）跳失率高
其他（直接访问/淘宝收藏/我的交易等）	高	1）老客为主； 2）转化率高

如表 4-4 所示，店铺的流量来源主要有站内搜索、站外搜索、硬广、直通车、直接访问、活动流量等。这其中，每一种来源的流量都有巨大的特征差异。其中直接访问类的流量转化率较高，直通车与搜索次之，硬广与活动流量的转化率较低。

其次，在流量分析中还需要关注以下几个问题：

1）店铺的流量是从什么渠道来的？

2）哪些渠道是主要渠道？

3）哪些渠道是付费/免费渠道？

4）哪些渠道的流量转化率最高？

5）当前流量的渠道分布占比是否正常？

回答这些问题的前提，是我们要熟练驾驭各种数据工具，如生意参谋、京东罗盘等。

图 4-4 所示是我们在分析天猫、淘宝流量时经常参考的数据。

流量来源	访客数		下单买家数		下单转化率		操作
淘内免费	53,497	↑3.86%	219	↓14.45%	0.41%	↓18%	查看详情
自主访问	17,353	↓3.81%	338	↓27.78%	1.95%	↓24.71%	查看详情
付费流量	1,268	↓95.03%	11	↓95.18%	0.87%	↓2.25%	查看详情
淘外流量	572	↑17.45%	10	↑100%	1.75%	↑69.90%	查看详情
其他	0	·	0	·	0%	·	查看详情

图 4-4　生意参谋中的流量来源分析

同时，在对店铺持续观察的基础上，我们可以用 Excel 的堆积图来跟踪每日流量的变化（见图 4-5）。

用这种方法，可以使我们对每天的流量变化保持直观监测，及时发现并找到流量变化的原因。

最后，我们还可以使用类似的方法，在店铺有大型促销活动时，为店铺建立每日流量跟踪记录，以便及时发现并把握最有质量的流量渠道（见表 4-5），为运营团队达成业绩提供有效的数据参考。

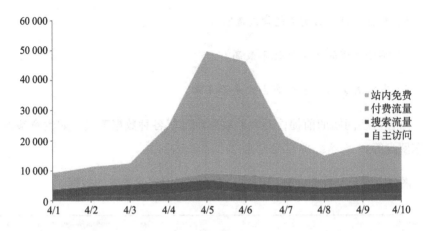

图 4-5　用 Excel 堆积图跟踪每日流量结构的变化

表 4-5　店铺聚划算时的流量分析

端口	来源名称	访客数量	支付买家数量	支付转化率	访客占比
PC	男装会场	38 812	816	2.10%	9.59%
	商场同款	2 989	74	2.46%	0.74%
	商场大牌	18 025	42	0.23%	4.46%
	青春会场	8 088	15	0.19%	2.00%
	羽绒皮衣会场	1 810	0	0.02%	0.45%
	天猫精选	618	—	0.00%	0.15%
	聚划算	36 651	629	1.72%	9.06%
	好货榜单	350	0	0.09%	0.09%
小计		**107 344**	**1 576**	**0.33%**	**26.53%**
移动	聚划算	95 457	109	0.11%	23.60%
	手淘首页	201 754	14	0.01%	49.87%
小计		297 210	123	0.10%	73.47%
总计		404 555	1 699	0.15%	100.00%

通过上表，我们可以发现：

1）无线端的流量占到全店的 74%，但转化率却远远低于 PC 端，因此这家店铺的问题是应该想办法优化提升无线端的成交转化率。

2）PC 端中，来自男装会场和聚划算的流量较高，占全店铺流量的 18%，因此这两个渠道来源的流量应被视为重点流量，认真检查好承接页的商品及页面效果。

2. 流量路径分析：流量到哪儿去?

"流量分析的第二步，就是流量路径分析。"Alex 喝了口茶后继续讲解道。

"说到'流量路径'，你们想起什么了吗？"Alex 笑呵呵地看着两人。

"你是指以前给我们画的'流量路径图'吗？"叶子反应比较快。

"对的。"Alex 把 PPT 切换到了下一页。以前给两人讲解过的"流量路径图"又出现了（见图 4-6）。

理解了刚刚讲的"流量来源"分析法后，大白和叶子再来看这张"流量购买路径图"又有了不同的感受。他们再看到流量种类与流量来源时，头脑中不自觉地便把刚才所讲的"流量来源分析"的种种方法往这个框架里面套，于是对这幅图有了更立体的认识。

对于"流量路径图"，由于之前已经详细讲解过，这次 Alex 点到即止。他迅速打开电脑上的生意参谋，"在分析流量去向的时候，我们同样不得不借助生意参谋来完成"。

Alex 把转动鼠标，把下一页 PPT 放映出来（见图 4-7 和图 4-8）。

"这是生意参谋中宝贝页的流量来源与去向查询，通过查询结果，我们可以清晰地看到：在统计期内，总共有 831 人访问了这件宝贝，而且大部分来自于'自主搜索'的方式。其中，有 64% 的访客从本页面直接离开了店铺；有 36% 的访客从本页跳转至店内的其他商品页中。"

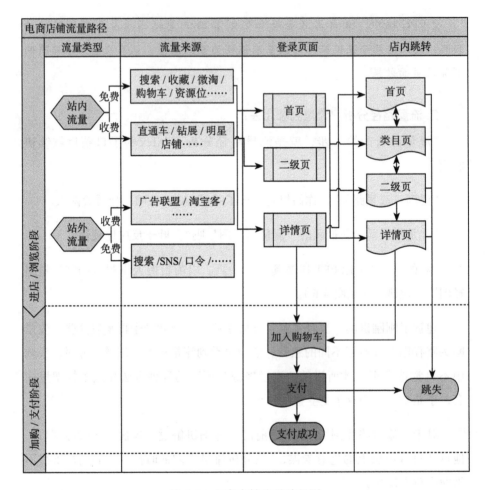

图 4-6　电商店铺流量路径图

大白皱着眉头："这个图确实很 beautiful，可是没有想象中那么有用吧？"

"如果这么想，你就错了。生意参谋不会提供无用的数据，关键看咱们如何去运用它。"Alex 笑着回答。

第 4 章 向双 11 进军，数据分析实战开始

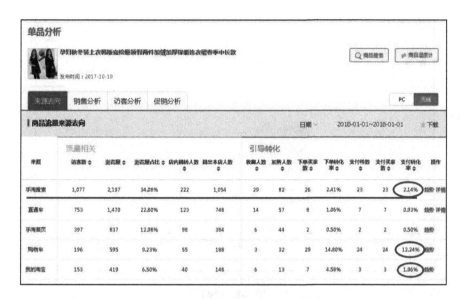

图 4-7 生意参谋中的流量来源去向查询

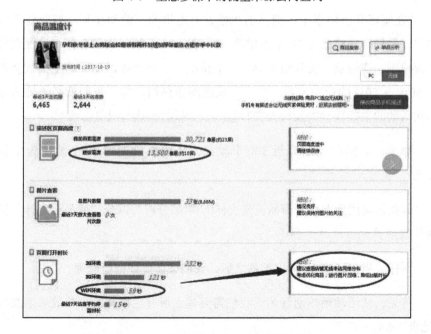

图 4-8 生意参谋中的商品温度计功能

图 4-8 （续）

"在实际分析情景中，商品的主推是有逻辑的。譬如在某一场聚划算活动中，我们会提前制定 20 个主推款。针对这 20 个款，我们会仔细设置它的资源位图、详情页、关联搭配等。一般情况下，在大促活动中的主推款会承接 30%～50% 的店铺流量。所以，从活动预热期开始，我们就必须挑选好本次活动的主推款，以及每天实时监测主推款的预热情况是否理想。"

那么，店铺的商品有近 300 个款式，我们要挑选哪 20 个款作为主推款呢？

这就需要用到上面"商品流量去向""单品分析"以及"商品温度计"里面的数据了。

同样，当找到这 20 个主推款之后，我们又需要如何监测呢？

首先，从活动预热期开始，我们需要建立所有主推款的预热效果追踪表（见表 4-6）。

表 4-6　预热第三天的主推款预热效果追踪表

spu	类别	活动价	活动折扣	备货数量	加购数量	加购倍率
s1	外套	￥464	46%	434	495	114%
s2	裤子	￥229	46%	384	797	207%
s3	裤子	￥193	46%	561	3 019	538%
s4	半截裙	￥476	50%	366	1 120	306%
s5	连衣裙	￥299	40%	682	574	84%
s6	中褛	￥756	50%	364	444	122%
s7	羽绒	￥572	46%	556	533	96%
s8	裤子	￥153	37%	527	812	154%
s9	连衣裙	￥225	37%	975	502	51%
s10	羽绒	￥807	40%	249	2 674	1 072%
s11	呢料－羊绒	￥897	40%	306	1 344	439%
s12	呢料－羊绒	￥717	40%	462	4 072	882%
s13	羽绒	￥567	40%	969	5 565	574%
s14	羽绒	￥387	40%	404	3 082	763%
s15	羽绒	￥447	40%	464	4 683	1 009%
s16	羽绒	￥447	40%	455	3 722	818%

表 4-6 中需要包含款号、波段、类别、活动价、库存等基础资料，同时需要对其中的重点数值"加购数量"进行记录与分析。譬如表中加购倍率（=加购数/备货数）如果高于 100%，则可视为预热表现良好的商品；若低于 100%，则视为预热表现非常差；而若是高于 500%，则可判断为非常热销的商品。据此分类，可为商品的预热策略调整提供指导意见。

其次，假设有部分主推款商品需要进行深入的数据分析，譬如需要建立某款商品与其他商品的流量连接，便可以根据图 4-7 和图 4-8 的方法分析此款商品的流量来源与去向，然后据此进行流量链路的构建。

随着 Alex 讲完这个案例，今天的课程内容也已经告一段落。

对于大白与叶子而言，今天的内容非常实用，也不难理解。但是许多操作都是在"生意参谋"上进行的，而他们目前对"生意参谋"并不熟悉，所以他们决定这两天一定要好好钻研一下"生意参谋"。

第13课　店铺的商品分析

　　有效的商品运营，是区分"菜鸟级运营"与"精英级运营"的重要门槛。而如何制定商品上新节奏与策略？如何提高商品周转率？如何在保障商品消化率的同时，确保最高毛利率？在双11、双12等特大促销时，如何提升商品的有效轮动……这一系列问题往往让许多电商同行疲于应付。而本节课将从数据分析的理性角度，尽可能为你提供一个可行的参考答案。

销售结构与库存结构，使备货与销售精准匹配

　　今天是周一，由于叶子和大白上午要完成所负责渠道《数据周报》的制作和发布。所以Alex把培训的时间约在下午5点。

　　还是在那间有落地窗的会议室中，Alex走进会议室时，叶子与大白已经到了，他们正站在玻璃窗前，看着窗外的车水马龙，闲聊着一些什么。

　　"叶子、大白，最近工作还好吗？有没有碰到什么困难？"

　　随着Alex的发问，两人回到办公桌前。"嗯，没有遇到太大的问题。就是发现我们对生意参谋的功能还不是十分熟练，所以这两天我和大白正在研究生意参谋。"叶子回答道。

　　"是的，作为一名电商数据分析师，生意参谋一定要熟练掌握。同时，京东罗盘、天猫后台、京东后台、赤兔软件等也不要忽视了。譬如在天猫后台中有一份'店铺诊断报告'，就是我们每月必看的重要参考资料。"

　　当Alex提到有这么多软件和工具都需要掌握时，叶子和大白原来轻松的神情变得认真起来。"看来，要成为一名优秀的电商数据分析师真不是那么容易的事。"

说话间,Alex 已经把投影仪和笔记本电脑都准备好了。叶子和大白正襟危坐,等待进入今天的课程内容。

"你们还记得以前所讲的'飞机模型'吗?"Alex 以一个简单的问题开始了课程。

大白快速地回答:"飞机模型是指,假设整个电商店铺是一架飞机,以运营团队为驾驶员,商品、市场推广、客服等部门为运营团队提供必需的商品资源、流量资源、咨询转化等支持。然后运营团队整合资源,并对接好平台机会,完成销售业绩的一套运营模式。而我们数据部门则是'飞行参谋',我们需要利用数据告诉运营团队如何更精准地整合内部与外部资源。"

"是的,非常正确。"对大白的答案表示肯定后,Alex 正式进入了今天的内容讲解。"在针对商品进行数据分析时,一般可以分为两大类型:商品的整体分析与商品的单品分析,因此,今天的课程也从这两方面分别进行讲解。"

在数据分析时,商品一般有两种状态:已销售商品和库存商品。因此,有关商品的分析也可分为两大方向:销售分析和库存分析。

1. 商品的销售结构分析

商品的销售结构是指对店铺某段时期内的所有销售商品进行分类汇总,然后再进行数据统计与分析。通过商品的销售结构分析,可以为店铺运营者梳理清楚店铺当前的主销商品,以及其销售表现,从而为运营者及时调整和优化销售策略提供可信的数据支撑。

在分析商品的销售结构时,可以按照商品年份、季度、波段、大类、小类、价格带、折扣带等指标来进行分类汇总。具体使用哪些指标和维度,需要根据实际分析需要来选择。

下面我们通过两个案例来说明：

案例一：销售品类综合分析

表 4-7 所示是艾尚公司的三家电商店铺在第三季度的商品销售情况。这是按商品品类（衬衫、T恤等）对第三季度销售商品进行分类汇总的，同时每个品类均从销售金额、销售数量、件单价三个指标进行统计，并且为了便于分析，三个指标都加上了同期数据供参考。

从表 4-7 中，我们可以获得以下信息：

1）仅以"衬衫"与"T恤"而言，Q3 季度衬衫的销售额是 T恤的 2～3 倍；

2）T恤的件单价全线都比去年高 50～100 元。其中京东渠道的较高，达到 102 元；

3）衬衫的件单价在唯品会渠道出现了全季度同比下跌，而京东渠道则全季度同比上升。应与两个渠道不同的销售策略有密切关系；

4）如果将上表扩大到所有类目的数据，则可以对所有品类按销售贡献进行排名，然后据此判断各个品类的销售表现是否在应有的品类生命周期表现之内。

根据这些信息，商品运营人员可以进行"运营复盘"，以销售结果来反推前期的运营策略是否正确，并加以调整与优化。

譬如根据上表中"衬衫的件单价在唯品会与京东两个渠道中截然不同的表现"，商品运营人员便需要反思，在前期运营中唯品会渠道的商品折损是否没有控制好？抑或是有意将两个渠道衬衫上的商品款式"完全错开"的策略所导致的？

第4章 向双11进军，数据分析实战开始

表4-7 各店铺第三季度商品品类销售分析

店铺		天猫				京东				唯品会			
	月份	Oct	Nov	Dec	Q3	Oct	Nov	Dec	Q3	Oct	Nov	Dec	Q3
衬衫	金额	3 171 660	2 834 115	4 634 997	10 755 384	4 224 087	3 697 157	5 870 572	13 886 423	1 478 449	1 371 010	1 282 095	4 131 555
	占比	15%	14%	15%	15%	15%	13%	15%	14%	17%	15%	13%	15%
	去年占比	15%	14%	15%	15%	15%	14%	14%	14%	16%	13%	12%	13%
	数量	6 991	6 836	12 252	26 079	9 222	8 056	15 859	33 137	3 354	3 310	3 462	10 126
	占比	18%	17%	18%	18%	17%	16%	18%	17%	19%	18%	16%	17%
	去年占比	17%	17%	18%	17%	18%	16%	17%	17%	18%	14%	14%	15%
	件单价	454	415	378	412	458	459	370	419	441	414	370	408
	去年件单价	491	413	316	391	450	417	318	385	446	421	377	420
	同比差额	(37)	2	62	21	8	41	52	34	(5)	(7)	(7)	(12)
T恤	金额	451 859	425 084	355 828	1 232 770	1 916 230	1 684 490	1 698 267	5 298 987	1 454 924	1 214 892	828 557	3 498 373
	占比	5%	5%	4%	5%	5%	4%	4%	4%	6%	4%	2%	4%
	去年占比	4%	3%	3%	3%	3%	3%	3%	3%	5%	3%	2%	3%
	数量	1 047	1 075	1 091	3 213	4 496	3 863	5 270	13 629	3 627	2 943	2 579	9 149
	占比	8%	9%	7%	8%	8%	7%	7%	7%	10%	7%	4%	7%
	去年占比	7%	6%	7%	7%	7%	5%	7%	6%	8%	5%	5%	6%
	件单价	432	395	326	384	426	436	322	389	401	413	321	382
	去年件单价	364	309	245	300	356	326	225	287	349	364	281	330
	同比差额	67	87	81	83	70	110	97	102	52	49	40	52

案例二：销售与退货分析

如表 4-8 所示是某时间段内，店铺销售与退货分析的数据表。这份表是根据品类（T恤、半截裙、毛衣等）来分类汇总，并且按价格带细分之后统计的销售与退货数据。

表 4-8　某店铺品类、价格带销售与退货分析

品类	实销价格带	销售数量	销售金额	退货数量	退货金额	销售占比	退货率	平均折扣
T恤	400 以下	1 515	278 496	278	56 771	2%	20%	59%
T恤	400~599	1 708	449 175	412	109 630	2%	24%	55%
T恤	600~799	99	50 890	33	18 947	0%	37%	76%
半截裙	400 以下	819	240 315	255	80 184	1%	33%	84%
半截裙	400~599	2 687	889 067	811	276 637	5%	31%	67%
半截裙	600~799	712	400 313	230	135 475	2%	34%	81%
半截裙	800及以上	141	109 829	43	34 833	1%	32%	77%
外套	400~599	1 246	432 541	315	112 390	2%	26%	60%
外套	600~799	1 421	482 321	462	162 262	3%	34%	47%
外套	800及以上	9 037	5 570 405	3 537	2 380 349	31%	43%	47%
大衣	800及以上	20	8 074	8	2 939	0%	36%	42%
恤衫	400 以下	512	151 783	124	36 432	1%	78%	
恤衫	400~599	1 728	561 319	532	177 289	3%	32%	63%
恤衫	600~799	486	185 396	143	54 731	1%	30%	52%
恤衫	800及以上	5	3 825	3	2 081	0%	54%	80%
毛衣	400 以下	1 146	279 548	348	72 339	2%	26%	70%
毛衣	400~599	3 721	1 154 816	954	306 969	6%	27%	60%
毛衣	600~799	2 972	1 076 816	916	337 722	6%	31%	52%
毛衣	800及以上	235	155 784	104	73 814	1%	47%	70%

等叶子和大白认真看完表格后，Alex 向两人提问："你们说说这份表格可以为我们带来哪些信息？"

大白抢先回答："这份表可以找出各大品类中的主力销售品类。比如表中'800元及以上的外套'销售额高达 557 万，销售占比达 31%，这个品类无疑是当前的销售主力。但是这个价格带的退货率高达 43%，因此需要特别注意加强退货挽回的措施。而平均折扣已经低至 0.47，说明这批货可能都是往年的旧货，而且毛利率也不高。"

等大白说完后，Alex 再看向叶子："叶子，你还有什么补充的吗？"

叶子沉默了一下，"基本的内容都被大白说到了，我就补充一点吧。"

"以我之前的商品工作经验来看，这份表还可以分别用'平均折扣''退货率''销售额'来做一个倒序排列，根据这种方式，可以找出店铺的'高利润款''高退货款''畅销款'。然后针对不同的款来制定不同的销售策略。"

1）在表4-8中，400元以下的恤衫和400元以下的半截裙，平均销售折扣分别是0.78和0.84，毛利率足够高了。可是销量却没有起来，两者的销售占比还不到2%。

2）从"高退货款"的角度来看，实销价高于800元的毛衣和恤衫，其退货率高达47%和54%；而同样是售价高于800元的半截裙退货率却只有32%。有可能这家店铺的毛衣与恤衫与其他竞品相比优势并不明显，而半截裙却是这家店铺的优势品类。

3）从畅销度的角度来看，销售额靠前的分别是800元以上的外套、400～800元区间的毛衣、400～600元区间的半截裙；而且，除外套外，毛衣与半截裙的退货率与销售折扣都在合理范围之内。因此可以确定这三者的主推地位。

叶子精妙的回答让Alex不由鼓起了掌，从"利润、销量与退货"的角度来解答，并且能够在商品运营的角度追求三者的平衡，即使是他也不可能在短时间内做到。他再次庆幸自己把拥有丰富商品经验但却是电商菜鸟的叶子拉进了团队。

大白也跟着鼓起了掌，同样的一份数据表格，自己只能看到"数据表象"，而叶子却可以发掘出"内在的运营逻辑"，不服不行呀。"看来以后要多向叶子请教商品知识了"，他心想。

2. 商品的库存结构分析

Alex 并没有如以前一样给两人课间休息的时间。他转身走到电脑前，把 PPT 翻到下一页（见表 4-9）。然后说："理解了商品的销售结构后，再来学习商品的库存结构分析，就简单很多了。"

表 4-9 店铺聚划算活动报名盘货计划表

是否活动	品类	SPU 数	库存数量	库存金额	库存占比	动销率	消化率
活动款	T恤	26	1 085	208 918	1%	78%	19%
	半截裙	40	1 629	526 228	3%	70%	9%
	衬衫	47	1 867	480 284	3%	66%	10%
	大衣	1	5	5 962	0%		
	裤子	26	874	309 726	2%	85%	12%
	毛织	56	1 607	1 082 279	6%	70%	14%
	外套	11	547	125 407	1%	82%	10%
	中裢	11	494	169 712	1%	82%	15%
	呢料	1	35	16 592	0%	50%	2%
小计		217	8 142	2 925 108	17%	73%	12%
非活动款		975	20 486	14 154 581	83%	26%	1%
总计		1 192	28 628	17 079 689	100%	35%	3%

表 4-9 所示是某电商店铺为了报名聚划算活动时所做的"盘货计划"。此盘货计划的目的是统计库存中符合聚划算要求的商品，并计算货值，预估是否满足本次聚划算活动的业绩要求。

1）本次计划参与聚划算的商品为 217 款，吊牌金额为 292 万。

2）本次参与活动的商品主要以毛织、半截裙、衬衫为主，此三大品类的备货超过整体活动备货额的 2/3。

3）与活动款库存相比，库存中尚有约 1400 万的货值没有参与本次促销活动，按以往经验，这部分商品在活动促销期间，约可为店铺贡献 20%～30% 的业绩。

4）按以往经验预估，聚划算商品的平均折扣为 0.65 折，活动商品的备货约是活动期间业绩目标的 3.5 ～ 4.5 倍；以这两个数值预估，本次活动预计可完成 42 万～ 55 万的业绩。

叶子发现，Alex 在讲解这个案例时，顺口透露了两个关键的经验值，"预估平均折扣"与"预估备货/销售额倍数"。正是这两个经验值，使一份简简单单的"备货计划表"瞬间变成了一份"销售预估表"。

她暗暗把这两个数值记在笔记本上，准备在接下来的工作中去验证这两个"经验值"是否有效。

表 4-9 并不复杂，因此 Alex 很快把 PPT 转向了下一个案例。他继续对叶子和大白说："在电商的库存分析中，除了'备货计划'外，还有另一个经常出现的场景，那就是'新品上市跟踪'表（见表 4-10）。"

表 4-10 新品上市跟踪表

波段	SPU 数	库存额	累计销售吊牌额	消化率	计划消化率	落差
春 2 波	75	5 715 366	1 601 764	30%	28%	2%
春 3 波	57	3 921 028	698 072	42%	28%	14%
春 5 波	46	2 934 633	736 780	24%	65%	−41%
春 6 波	62	4 032 244	709 292	17%	56%	−39%
春 7 波	58	3 737 431	339 155	9%	36%	−27%
合计	298	20 340 702	4 085 063	20%	43%	−23%

"新品上市跟踪表，是一个集成库存与销售的交叉报表，它有几个关键指标：SPU 数、消化率、落差。"Alex 详细解释着。

"通过 SPU 数可以看出店铺上新的能力。也就是说店铺每个波段能够上新的数量多少，在某种程度上反映了店铺开发新款的能力高低。同时，SPU 数与库存金额结合，也可计算出单款的库存深度。"

"消化率是商品分析中至关重要的一个指标，通过消化率，并配合落差，可以直观地看到此波段商品的销售进度是否符合预定进度。"

Alex继续总结道："从上表中，我们可以得出以下分析结论。"

1）截止统计周期内，店铺共上线约300款春季款，其中春2波商品消化率达30%，在预期的销售进度计划之内；

2）春3波的商品消化率达42%，但是高出预期消化率（28%）许多。说明在后续的销售过程中，春3波商品可能会出现货品不足的风险；

3）本报表显示出的最大风险在于：春5、6、7波商品计划消化率达65%～34%，是春2、春3波商品的将近一倍及以上，以经验判断，这些款应该是"春节款"。但是这些款的实际消化率仅24%～9%，存在非常大的销售落差；同时，春5、6、7波商品库存金额达近1000万，而期间累计销售额仅约180万，结合消化率落差判断，此处存在较大的库存风险。

Alex把表格解读完后，发现大白与叶子的目光还停留在投影出来的表格上。于是向两人问道："大白、叶子，你们还有什么要补充的吗？"

大白连说没有。

叶子则沉吟了一下："我只是在想，为什么这份表中波段5、6、7的消化率落差这么大，而波段2、3则出现了'超卖'呢？"

Alex笑着回答："很简单的推测，这家店铺把春节前的促销活动业绩预估太高了，但实际情况是春节前的业绩达不到，所以导致波段5、6、7的计划消化率过高，而实际消化率却很低。"

Alex又笑着补充了一句："其实以你对商品的了解，应该能推测到这一点的吧？只是你没有看到店铺实际的销售数据与计划数据，所以你不敢肯定，对吧？"

叶子也笑了："是的"。

Alex 和叶子在讨论的时候，大白听得尤为认真。在商品分析的课程中，即使是再小的一个报表，里面所透露出来的信息量也非常大。而且与以往不同的是，这需要背后有非常丰富的商品经验才能够对报表进行深度的解读，否则，便只能停留在"数字"表面，所做的分析自然也就没有深度，更没有价值可言。

"路漫漫其修远兮，吾将上下而求索。"大白望表兴叹。

商品 ABC 与主推款跟踪，拉升销售业绩

连续讲解了四大案例后，三人都已经感觉有些疲惫了。Alex 示意大家先休息一下。

5 分钟后，叶子和大白继续踏上了求知之旅。

"理解了商品的整体分析之后，再来学习单品分析，就显得很简单了。"Alex 对两人说，"我们通过两个案例来学习商品单品的分析方法。"

案例一：商品的 ABC 分级

在零售行业的数据分析中，ABC 分级法被广泛应用。譬如店铺可以分为 A 类店、B 类店、C 类店；会员可以分为 A 类会员、B 类会员、C 类会员；同样，商品也可以分为 A 类商品、B 类商品、C 类商品。

但是，商品的 ABC 分级法需要将分析颗粒精细到每个款式，分析相对繁杂，所以一般只有在店铺进行大型促销活动时才会用到。

商品 ABC 分级法只应用于活动分析，还有另一个原因：只有店铺在大型促销活动时，每个单款商品所承载的流量与成交数据才足够大，ABC 分级才更有意义。

表 4-11 所示是某店铺在聚划算时所做的 ABC 分级。在活动期间，这份表可以为店铺运营者提供非常及时且有效的商品调整与优化建议。

表 4-11 聚划算活动中的商品 ABC 分级

SPU	商品一口价	访客数	支付买家数	支付转化率	支付金额	销售数量	商品库存	商品分级
款 1	¥359	1 457	51	3.50%	¥12 967	53	1 340	A
款 5	¥654	1 258	26	2.07%	¥13 480	28	839	A
款 7	¥469	1 018	24	2.36%	¥6 986	24	543	A
款 9	¥155	741	22	2.97%	¥3 125	22	562	A
款 2	¥250	3 237	46	1.42%	¥9 061	46	231	B
款 3	¥299	2 486	39	1.57%	¥8 072	39	59	B
款 4	¥101	2 735	27	0.99%	¥2 436	28	42	B
款 6	¥323	1 395	25	1.79%	¥7 179	25	235	B
款 8	¥299	1 444	22	1.52%	¥5 296	23	253	B
款 10	¥313	979	22	4.59%	¥5 196	22	64	B
款 11	¥239	1 912	18	0.94%	¥4 206	19	452	B
款 12	¥869	3 914	2	0.05%	¥1 733	3	3 134	C
款 13	¥539	2 365	2	0.08%	¥1 091	2	257	C
款 14	¥799	2 249	2	0.09%	¥1 598	2	215	C
款 15	¥639	1 883	2	0.11%	¥1 256	2	792	C
款 16	¥699	1 808	2	0.11%	¥1 335	2	460	C
款 17	¥435	1 270	2	0.16%	¥882	2	321	C
款 18	¥584	830	2	0.24%	¥1 172	2	317	C

商品 ABC 分级表格的关键指标是"访客数""支付转化率""商品库存"，而表格最后的"商品分级"便是根据这三个指标所制定的分级逻辑，以判定商品是属于哪一级的。在这三个关键指标中，"访客数"与"支付转化率"可以从生意参谋等工具中查询及下载，而"商品库存"则需要从店铺内部的商品信息数据库中获取。

商品 ABC 分级的重点在于"ABC 的分级逻辑"。表 4-11 中的分级逻辑是这样的。

1）A 级商品：高库存且有高转化率（转化率 >2%）的商品，标记为 A 类商品。因为这类商品既畅销，又有较深的库存作为保障，因此可以作为活动中的主推商品。需要注意的是，在挑选 A 类商品时，还应注意此款商品的访客不能太低，否则，没有经过"充分"流量测试的商品，其高转化率可能是"伪高转化率"。

2）B 级商品：转化率中等（2%> 转化率 >0.65%），且经过流量测试的商品，标记为 B 类商品。由于这类商品经过流量测试，被证明对访客有一定吸引力，但却不如 A 类商品转化明显，所以可以继续保持当前的销售定位。B 级商品中有两类商品需要特别注意：一是库存告急的，如表 4-11 中的款 3、款 4、款 10，这类商品需要特别注意避免超卖；二是占用了主推款陈列位置的，在大促中，宝贵的陈列位置是有限的，这类优质陈列位置需要留给 A 类商品使用，因此需要将其阵列位置往后移动。

3）C 级商品：转化率低（转化率 <0.65%）且经过流量测试的商品，标记为 C 类商品。C 类商品应处于店铺阵列页面的底端，基本是属于被放弃的一类商品。但是，C 类商品中有一类需要特别注意，就是有高库存的，如表 4-11 中的款 12，库存高达 3134 件，这是属于有严重库存风险的，因此需要重点注意，可以尝试主动改变原定策略，譬如换主图、降价等。

Alex 最后总结道："在电商环境中，一般大促活动周期都在 3 天以上，因此，在经过第一天的流量测试后，迅速将商品的 ABC 分级表格分析结果提供给运营团队，可以帮助他们发现问题并及时调整商品运营策略，为业绩带来极大的推动作用。"

案例二：主推款销售追踪表

在商品分析的单品分析中，还有一个场景非常常见，就是主推款的销售跟踪。表 4-12 所示是主推款跟踪的常见模板之一。

表中包含了实销价、UV、直通车占比、搜索流量占比、转化率、消化率等关键信息。实销价用于判断此主推款的消费群体与定位，一般而言，单价高的商品不适合使用直通车等付费工具进行推广；总 UV、直通车占比、搜索流量占比等则用来判断此主推款的推广效果，流量越多，说明当前推广策略与推广渠道的选择越正确，反之就要考虑更换推广渠道或策略了；而消化率则是另一个重要指标，用于判断此款是否继续作为主推的一个重要标志。如果消化高接近计划消化率，则此款（如款 2、款 5 等）可以考虑暂时停止付费渠道的推广，以便提升营业利润；如果消化率距离计划消化率较远（如款 1、款 9、款 10），则可考虑加强付费推广的力度，以免造成库存风险。

表 4-12　店铺主推款跟踪表

款号	实销价	总 UV	直通车 UV	搜索 UV	主动访问	销售数量	销售金额	转化率	当前消化率	计划消化率	落差
款 1	¥329	10 945	44%	26%	17%	96	¥31 584	0.88%	23%	45%	−22%
款 2	¥399	18 444	52%	27%	9%	172	¥68 628	0.93%	55%	43%	12%
款 3	¥299	22 101	43%	29%	16%	253	¥75 647	1.14%	36%	42%	−6%
款 4	¥329	15 323	49%	28%	15%	84	¥27 636	0.55%	47%	54%	−7%
款 5	¥199	15 083	57%	26%	8%	327	¥65 073	2.17%	16%	16%	0%
款 6	¥229	10 491	—	48%	24%	48	¥10 992	0.46%	28%	26%	2%
款 7	¥269	9 313	—	46%	27%	53	¥14 257	0.57%	56%	55%	1%
款 8	¥329	16 030	51%	23%	12%	204	¥67 116	1.27%	32%	30%	2%
款 9	¥369	13 804	53%	24%	11%	318	¥117 342	2.30%	18%	42%	−24%
款 10	¥399	16 146	57%	26%	9%	146	¥58 254	0.90%	21%	45%	−24%

由于这个表的逻辑与前几个案例有相似之处，Alex 并没有花费太多时间来解读，并且一个小时很快就过去了，他们已经到了下班的时间了。

大白却还有些意犹未尽，他向 Alex 提了一个看似简单的问题："按您刚才的逻辑，就是说只要达到计划消化率的款式，就可以暂停付费渠道的推广。那么，像表格中款 2 这样已经超过计划消化率很多的款式应该如何调整呀？"

Alex 赞许地看着大白："调整主推款的策略是需要从多维度考虑的，一般有几个关键因素。"

1）此款是临时主推，还是本身就定位为主推款。临时主推是为了临时突击，拉动此款的消化率；主推款则是承担着为店铺走量及引流等综合任务的款式。

2）此款库存量还剩余多少？

3）此款剩余销售周期还有多久？

4）在付费推广时，此款商品 ROI 是否在合理值？

"所以，要判断款 2 的主推逻辑如何调整，还需要综合考虑以上因素。但是，由于我们不可能在一个 Excel 表格中把所有信息都展示完整，因此这些缺失的信息就要依靠其他表格来补全了。"

随着课程的结束，三人收拾好东西离开了会议室。

对大白而言，这是满载而归的一天！

商品屏效分析，助力促销活动

两天后，叶子和大白又收到 Alex 关于带教的邮件。

两人如约来到会议室，而 Alex 则早已等候多时。比叶子更为细心的大白发现，Alex 最近显得尤其忙碌。每天不是在自己办公室里对着电脑整理资料，就是往 Aaron 的办公室里面跑，并且大白多次向 Alex 主动打招呼时，感觉到 Alex 的表情似乎没有以前那么柔和了。大白心想，"也许是双 11 快到了的原因吧"。

大白和叶子相继在办公桌前坐好，Alex 站立着面对两人，没有再给两人太多调整思绪的时间，直接开口说道："今天把两位叫过来，是有一个重要的分析方法需要和大家讲解。这个方法是关于商品综合分析的，上次在讲解商品分析时我们忘记讲到了，而这个方法在本次双11活动中又需要用到，所以特意向你们再补充一下。"

在Alex讲话时，大白透过Alex张开的肘部看到背后已经提前画好的数据表格，再听到Alex所讲"双11"的字眼，间接证明了自己的猜想，"看来果然是双11活动的临近使Alex变得如此紧迫"。

大白的思维一闪而过，Alex则继续讲道："今天要和你们分享的商品分析方法，叫'商品的屏效分析'，结合运营方法，我个人又把它称作'商品的九宫格'数据运营法。"

Alex把"屏效"与"九宫格"两个关键词写在白板一侧的空白处，然后顺势用大头笔把"屏效"两个字圈了起来，"所谓屏效，是从传统零售分析中的'坪效'借鉴过来的。意思是指——电商店铺的页面（首页/类目/二级页等）在电脑（或手机）上打开后，每个电脑（或手机）屏幕所产生的销售贡献。"

尽管Alex已经用刻意缓慢的语调来解释屏效的意思了，但两人听完后，仍然不能完全理解。于是Alex打开电脑，顺手进入了一家店铺的天猫旗舰店，并将之投影在墙壁上（见图4-9）。

Alex以手代笔虚指着墙壁上的网页对两人说："现在你们所看到的，是某店铺在聚划算活动时的二级页面，那么，屏效是指什么呢？屏效就是指在当前页面中，一个电脑屏幕所呈现出来的商品（一般是6至8个商品）给店铺整体业绩所带来的贡献率。"

叶子最先理解了"屏效"的含义，她兴奋地向Alex问道，"其实'屏效'就是指当前我们所看到的6件商品的销售额除以店铺整体销售额的比率，是吗？"

Alex 给予了肯定的回答。

图 4-9　某店铺聚划算二级页面截图

不过很快叶子又皱着眉头问:"我知道在线下的'坪效'是用来评估店铺每平方米面积的销售产出,通过这样的方式来简单评估零售店铺的营利能力。可是在电商店铺中,根本没有'店铺面积'这个说法,那么'屏效'还有什么意义呢?"

Alex 赞赏地看着叶子:"这个问题提得非常好。"

他又转头看了一下大白,见大白也在认真听着两人探讨,"在电商店铺中,虽然没有'店铺面积'一说,但是我们都知道,电商店铺的'有效陈列面积'也是非常有限的。"

"那么,什么是店铺的'有效陈列面积'呢?"

"大家都知道,在聚划算活动中,店铺首页、活动二级页是承接流量较多的两大页面。而店铺的类目页面以及其他页面所承接的流量相对就要小很多。所以,我们可以把店铺首页与聚划算二级页称为有效陈列页面。"

"同理,在同一个网页中可以向下无限拉升,而用户的浏览习惯是一般只会专注于页面的前面 3～5 个屏幕的内容。所以,我们又把这些区域称为有效陈列面积,或者叫'黄金陈列面积'。"

Alex 通过连续两个自问自答,向两人传输了什么叫"有效陈列页面"与"有效陈列面积",却还是没有回答叶子的"屏效有什么作用"的疑问。

大白忍不住又要再次发问的时候,Alex 打断了他。"现在你们应该能够猜出屏效的作用了吧?"

沉默了十几秒,大白和叶子都没能把答案说出来。

"黄金陈列位置所能够陈列的商品有限,每屏可以陈列 6～8 个商品,而有效陈列区为 3～5 屏。这样计算,店铺在聚划算二级页中的黄金陈列位在 24～40 个商品之间。因此只有尽量利用好每一个坑位的陈列机会,展现恰当的商品,才能达到更大的销售业绩。而'屏效'就是用来评估黄金陈列位置利用率的。屏效高,则证明黄金陈列位置的商品利用率高;屏效低,则需要及时替换黄金陈列位置的商品。"

听完,两位年轻人露出恍然大悟的表情,叶子夸张地说:"Soga,原来是这样呀。"

Alex 微笑着抬手制止了两人兴奋的情绪,他转身用手指敲打着白板上提前画好的图表(见图 4-10)。"下面,我们便来看看屏效分析是如何在实际应用中产生价值的。"

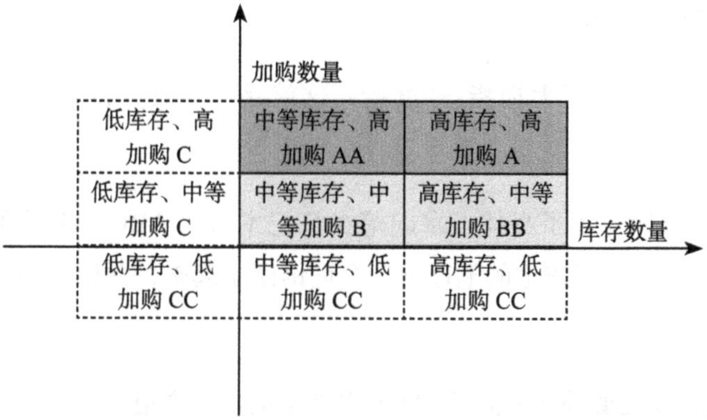

图 4-10 屏效分析第一步：挑选适合的商品

Alex 微笑着向两人说："屏效分析的第一步，就是要挑选适合陈列在'黄金陈列位置'的商品。你们还记得上次所学习的'商品 ABC 分级'的分析方法吗？"

"记得。"

"那就简单了"，Alex 再次用手指轻敲着白板上的表格，"利用 ABC 分级的方法，我们可以从'库存数量'与'加购数量'两个维度，将活动期间的主推商品分为图 4-10 所示的 9 个层级。A 类商品表示在活动预热期间表现非常优秀而且库存深厚的商品，C 类商品表示预热效果不理想或库存较少的商品。"

由于在昨天叶子和大白都已经实践过商品的 ABC 分析，因此通过这个模型，他们很快就理解了 Alex 所要传达的意思。

大白举一反三，他灵光一闪中把"ABC""优质商品""黄金坑位"这几个概念串联了起来。于是激动地对 Alex 说："老板，我明白了，'屏效分析'其实就是通过'商品 ABC'分级方法，找出预热表现优秀且库存深厚的商品，将他们通过商品搭配的手段，陈列在'黄金坑位'。这样，就可以从数据层面使销售更大化。"

Alex向他举起了大拇指:"没错。这就是'屏效分析'的核心意义与价值。"

大白得意地坐正了身体,拿起笔在笔记本写了ABC、优质商品、黄金坑位三个词,然后用浓重的笔迹把三个词语圈了起来,并用线条把它们串在一起。

"不过,我还要补充一点。"Alex以严肃的语气说道。

"陈列在'黄金坑位'上的商品并不是固定不变的,而是要保持轮动。"

"如何保持正确的轮动呢?有两大要点。"Alex又开始了自问自答。

1)首先,既然我们把商品分为9个层级,那么陈列页面也可以分别对应的9大层级(见图4-11)。在首页与活动二级页的第1～3屏,可以视为AA\A区陈列位;在首页与活动页的第4～5屏,可以视为BB\B区陈列位;而第6屏及以下区域,由于流量急剧减少的原因,可以视为CC及C区陈列位。使相同的区域编号对应相同的商品编号,这是第一条要点。

图4-11 店铺重要页面的陈列位置分级示意

2）其次，我们要把握住活动当天的流量访问规律。在大型促销日的活动当天，流量一般有三大访问高峰期，分别是0～2点、8～9点、22～23点。因此，商品的轮转就需要安排在这三个流量高峰之后的一个小时内——这点类似于线下零售店在促销之后需要重新整理促销区域商品陈列及补货的操作。

Alex在讲解的时候，叶子听得频频点头。在线下零售中有足够商品知识沉淀的她已经完全理解Alex所传达的知识了。

"原来老板对线下零售商品运营的理解也是如此深刻呀。"她以近似痴迷的崇拜眼神望着Alex，"这才是资深数据分析师啊！对于零售、商品、数据等各种知识都能够信手拈来，还能巧妙地组合在一起，从而产生更大的新的价值。"叶子暗自握住了拳头，连她自己都没能察觉，"这就是我要追求的境界，终有一天，我也会达到这样的境界。"

第14课　店铺的用户分析

用户运营是最近两年在电商行业中流行的一种运营体系，而用户分析则能为用户运营提供一定的数据化参考。其中最著名的是用户画像、顾客生命周期分析等。本节课则是以"流失用户的唤醒与挽回"和"用户的物流地图"两个与业务结合最为紧密的案例，来论证用户分析在店铺方面的价值。

用户唤醒分析，1个老客胜过7个新客

时间总是在不知不觉中溜走，最近Alex频繁地与Aaron及各个业务部门的经理们开会，因此无暇关注叶子和大白的学习进度。

不过，两位年轻人可从来不敢放缓学习的脚步，他们还在试用期。而且同样明白年双11活动是对他们的一次重大考验，因此这段时间在完成本职

工作的同时，也一直在利用历史数据对之前学习过的各种分析方法进行尝试与实践。

今天是 8 月 21 日，离双 11 的大促活动还有近 60 天，对于电商行业而言，大部分商家的双 11 筹备工作从上周起就已经紧锣密鼓地展开了。

上午 10 点，Alex 将部门内的所有同事（包括负责基础数据维护与数据分析的同事）一起叫到了会议室，向他们宣布了本次双 11 活动的筹备信息，并做了简单的动员。

"各位，本次双 11 活动是我们商业智能部成立以来，第一次深入介入业务部门的经营活动中，并且为他们提供全面的数据支持。双 11 促销活动号称年终大促，是所有电商平台下半年最大的一次促销活动，因此，本次活动的成功与否，将直接影响我们下半年的业绩是否能够达标。以天猫渠道为例，天猫渠道的下半年的销售目标是 5000 万，但是截止到昨天（8 月 20 日），我们总共才完成 2000 万，仅完成下半年业绩任务的 40%。而本次双 11 活动中，天猫渠道的活动目标是 2200 万，占了下半年业绩任务的 44%，由此可见，双 11 活动的成败对渠道半年业绩任务完成有着决定性的影响！"

Alex 以一组数字向小伙伴们传达了双 11 活动的重要性，随后，又布置了具体的任务。"数据支撑组的伙伴们，请你们准备好去年同期活动的数据收集，包括活动时间、促销形式、促销主题、业绩达成、流量与推广、备货与销售等所有维度的数据，并且以数据报告的形式提交给我；数据分析组的伙伴们，你们要考虑好本次双 11 活动中应该为业务部门提供哪些数据，并且从现在开始要时刻与业务部门保持良好沟通，以便了解最新的运营动态，并给予必要的数据支持。"

……

十几分钟后，这次双 11 的动员大会结束了。Alex 把包含叶子和大白在内的四位数据分析师留在会议室，并开始了今天的课程。

"把大家都留在会议室，是因为这节课的内容在接下来的双 11 活动中是可以派上用场的。"Alex 扫视着四人说，"今天所讲的内容是'用户分析'。我们所说的用户，是指成交之后的'用户'，也就是常说的'老客户'。所以大家要把它与'访客''流量'区分开来。"

Alex 一边说话，一边打开笔记本电脑和投影仪，"用户分析的内容非常多，比如用户画像、用户行为分析、RFM 模型等。今天，我重点和你们讲解两个具体的应用实例，也是我们在本次双 11 活动中可以为运营做出提升和帮助的。"

在电商的用户分析中，活跃度分析是非常重要的分析内容。用户的活跃性越高，店铺的复购率就越高。因此，店铺运营人员其中一个非常重要的工作就是要关注店铺的"活跃用户群体"。

尤其是大型促销（譬如双 11）开始之前，店铺运营者便会通过微淘、短信、邮件以及其他传播工具进行"客户唤醒与激活"。在此场景下，我们便需要为其提供"用户清单"，以便运营者能够有针对性地唤醒用户。

下面，我们以某电商店铺的大促活动为例，验证如何通过数据来为运营提供指导。

首先，在大促开始前 7 天，我们需要统计出店铺最近 12 个月内的用户活跃度数据分析表（见表 4-13），通过此表可以对店铺的"活跃用户""沉睡用户""即将流失客户"进行分类统计，以便于我们对店铺用户结构建立整体的认知，并且为接下来制定"用户唤醒"与"用户挽回"方案提供数据性参考。

表 4-13　某店铺最近 12 个月内用户活跃度分析表

用户分类	用户数量	用户占比	近一年总消费额	金额占比	人均消费额	人均消费频次
高质量－活跃用户	179	2%	3 492 130	8%	19 509	21.7
高质量－沉睡用户	470	6%	5 401 280	13%	11 492	12.8
高质量－即将流失用户	218	3%	1 824 550	4%	8 369	9.3
活跃用户	1 027	13%	7 702 500	19%	7 500	12.5
沉睡客户	2 677	33%	13 010 220	31%	4 860	8.1
即将流失客户	3 595	44%	9 922 200	24%	2 760	4.6
合计	8 166	100%	41 352 880	100%	5 064	7.8

"关于'活跃度'，每家公司都有不同的分类标准。一般的做法是：最近 30 天内有过消费的客户称为'活跃用户'，最近（连续）60 天内没有消费记录的客户称为'沉睡用户'，最近（连续）90 天内没有消费记录的用户称为'即将流失客户'。"Alex 为两人解释了用户活跃度分类的标准。

其次，当店铺运营人员看到表 4-13 所示的数据后，便需要考虑如何为本次大促活动设置适合的用户激活方案。针对不同类型的用户，刺激的力度与文案的企划也应该有所不同。其中针对沉睡客户主要以"唤醒"为主，常见的举措是告知本次促销力度，以及提供适量额度的优惠券；针对即将流失客户，除了告知促销信息与力度外，还需要提供较高额度的优惠券，另外，最好再配上走心的文案。图 4-12 所示便是某店铺设置的不同面额的优惠券。

图 4-12　为不同用户设置不同面值的优惠券

同时，根据"待唤醒"与"待挽留"人数，还可以推算出本次优惠券的使用率以及折损金额。譬如根据笔者在运营某渠道电商店铺时，曾多次根据以上逻辑，在大促活动中向约 5000 名即将流失客户发送"情怀短信"以及"高额优惠券"，发现挽回率可达 1.8% 左右。也就是说，5000 名目标用户中，每次大促活动中激活约 90 名用户。按客单 700 元计算，在当次大促活动中被挽回用户可以为店铺贡献约 6.3 万元的销售额，但是更重要的是，本次挽回成功，可以使用户在接下来的一段时间内成为"沉睡用户"或者"活跃用户"，相对而言，这种隐形的意义对店铺来说要更大一些。而 90 名用户即使人人都使用 50 元的代金券，店铺的折损也不过是 4500 元而已。虽然相比于直通车等收费流量的推广成本，这种手段的"获客成本"更高，但是胜在更精准，挽回的客户更符合品牌调性，也就更有质量。

最后，既然运营人员需要进行唤醒与挽留计划，自然便需要与这些长时间不来店铺消费的用户建立起某种连接通道才可以。最直接的"通道"是用户的购买记录，找到客户的收货信息（手机号），然后进行短信营销。所以，我们需要为店铺运营者提供"待激活用户清单"，用户清单的格式很简单，有"姓名"和"手机号"即可。重要的是，运营人员需要撰写"走心营销短信"，短信内容是否走心，是决定用户能不能被"唤醒"的关键。

下面是笔者以前运营过程中撰写的文案，供大家参考。

[××官方旗舰店] 亲爱的女王，最近 12 个月，您在小的店铺共眷顾了 9 次以上。所以您被评选为小店最最亲爱的女王。在此七夕活动之际，小店精选爆款 5 折起，另外还有满 999 元减 100 等大尺度的优惠。同时，小的还特意为您准备了面额 50 元的代金券，供您驱使。恭候您光临。（活动前预热。）

[××官方旗舰店] 亲爱的女王，感谢让我成为您恋恋红尘中的一道风景。为了见证您的美好，我已做好百倍准备，你我相逢之时，胜却人间无

数。(活动后 7 天关怀。)

[××官方旗舰店]亲爱的女士,宝贝您已经收到了吗?红粉赠佳人,丽质配女王。小的真诚期望宝贝能够使您满意。如果您对宝贝的长相、气质、内华有任何不满意,欢迎您找我吐槽,小的一定铭刻在案,下次改进。期待您的再次光临。(活动后 15 天关怀。)

大家都被案例中俏皮的短信文案逗笑了。

Alex 最后总结道:"以上便是在电商运营中用户唤醒的常用手段。在此过程中,数据分析人员应从店铺用户分类、收益预估、短信营销用户清单三个方面为本次运营提供了全面的支持。"

建立物流地图,优化快递成本

稍微休息了一下后,Alex 开始了第二个案例的讲解:"用户分析的另一个重要应用场景是帮助店铺建立'物流地图'。"Alex 将 PPT 切换到下一页,屏幕上投影出来一幅各省份地区 4 月份订单分布表(见表 4-14)。

表 4-14 某电商店铺 4 月份订单分布

省份	订单数	省份	订单数
安徽	320	江西	210
北京	430	吉林	121
重庆	320	辽宁	31
福建	210	内蒙古	21
甘肃	80	宁夏	21
广东	1030	青海	45
广西	230	山东	68
贵州	310	上海	390
海南	438	陕西	102
河北	521	山西	31
黑龙江	90	四川	360
河南	45	天津	65
湖北	232	新疆	90
湖南	353	西藏	45
江苏	521	云南	102
		浙江	406

将电商店铺某段时间内的订单数据整理出来并且按省份来统计订单数，这样的工作对于现在的叶子与大白来说简直太轻松了。他们更好奇的是，在这些订单数据的背后，有哪些价值是可以被挖掘出来的。

Alex 看出了两人疑惑，于是继续引导道："从上面的表中，你们看出上月店铺的订单主要集中在哪几个省份了吗？"叶子与大白快速回答道："广东、河北、江苏、海南……"

"对的，如果再具体一点分析，我们会发现，排名前三的省份的订单数几乎占了全店订单的 1/3，排名前五的省份的订单数几乎占了全店订单的 1/2。因此，我们能不能认为，在当前季度中，店铺的主要客群都集中在以上 3～5 个省份之中？"

叶子与大白默默点头，Alex 继续将 PPT 翻到了下一页："所以，我们知道订单主要集中在哪些省份之后，接下来，再结合各大快递公司在不同地区的收费标准（见表 4-15），就可以为店铺选择最优的快递方案了。"

表 4-15　2017 年各大快递公司收费标准大全

	韵达	圆通	国通	中通	申通	宅急送	EMS
江苏	5.6 元 / 不限重	8 元 / 不限重	6 元 +0.5 元	6 元 +1 元	10 元 +1.5 元	6 元 +0.5 元	7 元 +2 元
浙江	5.6 元 / 不限重	8 元 / 不限重	6 元 +0.5 元	6 元 +1 元	10 元 +1.5 元	6 元 +0.5 元	7 元 +2 元
上海	5.6 元 / 不限重	8 元 / 不限重	6 元 +0.5 元	6 元 +1 元	10 元 +1.5 元	6 元 +0.5 元	7 元 +2 元
安徽	9 元 +4 元	15 元 +12 元	6 元 +0.5 元	6 元 +2 元	18 元 +15 元	6 元 +0.5 元	7 元 +2 元
江西	9 元 +4 元	15 元 +12 元	10 元 +5 元	10 元 +7 元	18 元 +15 元	8 元 +4 元	15 元 +4 元
广东	9 元 +4 元	15 元 +12 元	10 元 +5 元	10 元 +7 元	18 元 +15 元	8 元 +4 元	15 元 +5 元
福建	9 元 +4 元	15 元 +12 元	10 元 +5 元	10 元 +7 元	18 元 +15 元	8 元 +4 元	15 元 +5 元
山东	9 元 +4 元	15 元 +12 元	10 元 +5 元	10 元 +7 元	18 元 +15 元	8 元 +4 元	15 元 +5 元
北京	9 元 +5 元	15 元 +12 元	10 元 +5 元	10 元 +7 元	18 元 +15 元	8 元 +4 元	15 元 +5 元
天津	9 元 +5 元	15 元 +12 元	10 元 +5 元	10 元 +7 元	18 元 +15 元	8 元 +4 元	15 元 +5 元
湖南	9 元 +6 元	15 元 +12 元	10 元 +5 元	10 元 +7 元	18 元 +15 元	8 元 +4 元	15 元 +5 元
河南	9 元 +5 元	15 元 +12 元	10 元 +5 元	10 元 +7 元	18 元 +15 元	8 元 +4 元	15 元 +5 元
湖北	12 元 +7 元	15 元 +12 元	10 元 +5 元	10 元 +7 元	18 元 +15 元	8 元 +4 元	15 元 +5 元
河北	12 元 +7 元	15 元 +12 元	10 元 +5 元	10 元 +7 元	18 元 +15 元	8 元 +4 元	15 元 +5 元

(续)

	韵达	圆通	国通	中通	申通	宅急送	EMS
海南	12元+7元	15元+12元	12元+7元	20元+18元	18元+15元	12元+7元	15元+7元
四川	15元+10元	15元+12元	10元+5元	15元+10元	18元+15元	10元+5元	15元+7元
重庆	15元+10元	15元+12元	10元+5元	15元+10元	18元+15元	10元+5元	15元+5元
广西	15元+10元	15元+12元	12元+7元	15元+10元	18元+15元	12元+7元	15元+7元
陕西	15元+10元	15元+12元	12元+7元	15元+10元	18元+15元	10元+5元	15元+5元
云南	15元+10元	15元+12元	12元+7元	15元+10元	18元+15元	12元+7元	15元+8元
辽宁	15元+10元	15元+12元	12元+7元	15元+10元	18元+15元	12元+7元	15元+7元
吉林	15元+10元	15元+12元	12元+7元	15元+10元	25元+22元	12元+7元	15元+8元
贵州	15元+7元	15元+12元	12元+7元	15元+10元	18元+15元	12元+7元	15元+7元
山西	15元+10元	15元+12元	10元+5元	15元+10元	18元+15元	10元+5元	15元+5元
黑龙江	16+12元	15元+12元	12元+7元	15元+10元	18元+15元	12元+7元	15元+8元
宁夏	16+12元	15元+12元	10元+5元	20元+18元	18元+15元	12元+7元	15元+7元
甘肃	16+12元	15元+12元	15元+15元	20元+18元	25元+22元	15元+12元	15元+7元
内蒙古	25元+20元	20元+18元	15元+15元	20元+18元	25元+22元	15元+12元	15元+7元
新疆	25元+20元	22元+18元	20元+18元	28元+25元	25元+22元	20元+18元	18元+14元
西藏	25元+20元	15元+12元	20元+18元	28元+25元	25元+22元	20元+18元	18元+14元
青海	25元+20元	15元+12元	15元+15元	20元+18元	25元+22元	15元+12元	15元+7元

注：数据来源于"中国物通网"《2017各大快递公司收费标准》

以表4-15中所示的数据为例，这家电商店铺4月的订单分布主要集中在广东、河北、贵州、湖南等地区，因此在挑选合作快递公司时，可以选择"韵达快递"为主要合作单位。韵达快递在浙江地区运费更便宜，且不限重。同时在广东地区的价格也是仅高于宅急送的。

当然，熟悉电商的朋友都知道，电商企业在与快递公司合作时，不可能按上述价格合作。由于订单量大，他们是有"优惠价"的。但每家店铺的订单量不一致，因此具体到每家电商店铺都有不同的价格。但是，不管如何优惠，每家快递公司的价格基数都是公开的，因此根据上表来选择合作快递公司同样是可行的。

如果以上述价格为基准，并且以表4-14中的订单数据来进行计算的话，仅拿韵达与知名度更高的中通、圆通进行对比,在 4 月份中,这家店铺如果选择与中通进行合作,则需要花费 8.2 万的快递费用;如果选择与圆通进行合作,则需要花费 9.9 万的快递费用;而如果选择韵达,则只需要花费约 7.8 万的快递费用。

也就是说,选择韵达比选择圆通要节省约 2.1 万元的快递费用。谁优谁劣,经过数据计算一目了然。

这还只是以单一合作公司为前提计算出来的,在实际应用场景中,如果选择"韵达+国通+中通"的多渠道合作的话,将节省更多的费用。而且,如果将这一策略扩大至全年,将会节省近百万的快递费用。

Alex 讲完后,叶子和大白思绪万千:"原来这样一个简单的数据分析,就可以为店铺带来近百万的成本节约呀。"

"看来数据分析并不难,难的是要把数据置入业务场景,并且找出数据背后的应用价值。"大白如是想到。

叶子和大白的感慨并没有说出来。"一份报表能够为企业节约百万成本",这种信息给他们带来了巨大的惊喜和冲击。相较于 Alex 所讲的数据分析技巧而言,"将数据置入业务场景,才能找出数据背后的价值"的这种感悟,对他们的影响更为深远。

第 15 课　店铺的活动分析

在绝大多数电商店铺中,促销活动的销售占比达到了全店销售的 50%～80%。由此可见促销活动对店铺业绩的重大影响。因此,如何做好一场促销活动,使促销的业绩能够尽量最大化,是每位运营者与数据分析师重点研究的课题。

本节课结合双 11 的大促场景，从促销活动的前期筹备、优惠券的数据化设置方案，到活动中的屏效分析、预售与催付等环节，提供一系列实战案例（其中有些筹备前的数据分析——如商品库存与销售匹配度、用户的激活与挽留等，读者可结合前面的章节内容进行综合应用）。而本节课中所提到的"屏效分析"与"ABC 分析"法更是在市面上第一次出现的运营干货。

从幕后到台前，双 11 活动筹备大会

办公桌上的日历已经翻到 9 月，Alex 拿着笔记本电脑走进会议室。他今天要和销售、商品、市场等业务部门召开第一次跨部门月会，并且为即将到来的双 11 活动提供必要的数据支撑。

按照约定，Aaron 准时出席并且主持了这次会议。Aaron 坐在会议桌的主持位上："上午好，各位。今天参加会议的人很多呀。销售、商品、市场、客服以及商业智能，几乎每个部门都有同事参加。"Aaron 微笑着和大家打招呼，"召集这么多人来协商和筹备电商的促销活动，在我们事业部还是第一次。证明大家对活动更加重视，也说明大家对活动的筹备工作越来越细致了。希望大家互相配合，紧密协作，在双 11 打一个漂亮的大胜仗。"

说完后，Aaron 微微转身向坐在身侧的 Alex 点头示意："首先，请商业智能部的 Alex 给大家分享一下有关的数据。"

Alex 接过发言权，把早已准备好的 PPT 投影出来："我主要给大家准备了两个数据。一是截至 8 月份各大销售渠道的销售达成情况，以及 9 月预计销售额；二是去年双 11 活动的有关数据。"

这是 Alex 由幕后走向台前的第一次演讲，Alex 在用眼角的余光观察到与会者都已经将注意力放在 PPT 上之后，他不由咳嗽两下，清了一下嗓子，然后将 PPT 从封面翻到了第一页，开始了讲解："我们先看第一个表（见表 4-16）。"

表 4-16 艾尚服饰 2016 年 1～8 月销售进度

	天猫	淘宝	唯品会	合计
YTD 达成	18 820 119	4 058 589	5 213 479	20 092 187
达成率	102%	86%	91%	97%
渠道增长	↑ 38%	↑ 61%	↑ 218%	↑ 52%
缺额	369 022	（660 701）	（515 619）	（807 297）

"截至 8 月底，咱们事业部共完成销售额约 2809 万，与销售计划相比，尚有约 80 万的销售缺口。其中，天猫渠道作为我们的重点渠道，YTD 完成率达到 102%；而淘宝与唯品会还有一些销售缺口。"

"另外，从同比增长来看，天猫作为一个成熟的大平台，加之平身销售额的基数过大，目前 38% 的增长率符合平台的增长现状；而唯品会在全年的销售计划中比去年多增加了 3 个活动档期，分别是 3 月、5 月、6 月。所以当前增长率达到 218%。"

Alex 停顿了一下，各大销售渠道的负责人对数据自然是没有疑问的，但此时都连忙向 Aaron 表态。

天猫渠道经理声音很平静："老大，我们现在业绩刚刚好达标，但 9 月份是天猫平台的淡季，估计 9 月份我们会出现一些缺口。"

淘宝渠道经理有些失落："Aaron，由于最近我们渠道一直在处理公司的低效库存，很多货都是 2014 年，甚至 2013 年的。平台很少上新，所以最近业绩不太理想。"

负责唯品会的经理是位年轻的男士，声音很洪亮："唯品会渠道目前来看，就是个销货的渠道，只要能够保持货品供给，我们每次活动档期都能产生约 50 万的销售额，今年增加了几个档期，另外我也跟平台争取到一些好的资源，所以销售额增加得比较明显。"

Aaron 等三人都说完后，总结性地发言道："嗯，目前来看，全渠道虽然有销售缺口，但缺口金额只有 80 万，在双 11 活动中，我们只要稍微努力追一下，很容易就能把缺口弥补起来。"

Alex 等大家的讨论告一段落后，继续讲解 PPT 上的第二份表格（见表 4-17）。

表 4-17　艾尚服饰 2016 年 9 月销售额及缺口预估

	天猫	淘宝	唯品会	合计
销售额（E）	6 630 000	835 000	650 000	8 115 000
达成率（E）	85%	90%	100%	88%
缺额（E）	（1 170 000）	（90 000）	—	（1 260 000）

"如同刚才天猫经理所说，天猫的 9 月份销售相对较为清淡，主要是由于天猫 9 月份的传统大活动一般安排在 9 月 9 日至 9 月 25 日之间，这个时间点离双 11 的年终大促太接近了，因此许多消费者都会坐等双 11，更有甚者他们会在 9 月底买单试穿之后再选择退货，然后等待双 11。所以，从数据上看，我们会发现 9 月份的平台退货率会比其他月份更高。因此，结合以上，我们预估天猫平台 9 月达标率为 85%，缺口金额约 117 万。"

"而双 11 活动主要以新品销售为主，所以在 9 月份的时候，淘宝平台的旧品销售力度会比 7 月和 8 月更大一些。因此，我们预估淘宝 9 月的销售达标率会在 90% 左右，缺口约为 9 万元。"

"最后，唯品会渠道 9 月仅有一个档期活动，预估完成 65 万销售额，与原计划相符。"

Alex 快速将以上数据讲解完后，又面向 Aaron 补充了一句："以上预估是我和各大渠道讨论后，结合当前增长情况计算出来的。最终销售表现会有些出入，但是可以为我们部署双 11 活动提供一些数据上的参考。"

Aaron 点点头，他主动向天猫经理提问："这么说，9 月份我们会产生差不多 120 万的销售缺口，是吗？"

"是的，天猫平台的特性就是这样，根据以往的经验，许多品牌在 9 月底的时候就会提前进行双 11 活动的预热，尤其淘品牌更是如此。所以会出现双 11 提前'吃'掉一些 9 月业绩的情况。这些缺口我们只能在 11 月份尽量追回来。包括将 9 月份的商品资源留到 11 月，以及跟平台多争取一些活动资源等。"

"OK，我们不能把补缺口的希望仅仅寄托在双 11 活动上，万一双 11 活动没补上缺口，那么我们全年业绩达标就很被动了。"Aaron 沉思了一下，向负责唯品会的经理征询意见，"你们现在还可以向平台协商在 9 月份加一个活动档期吗？或者 10 月初也行，但是不能超过 10 月 10 日，因为在你们的活动结束后，还有时间将商品资源重新整合投入双 11 的活动之中去。"

年轻的经理沉吟着："我们现在的档期安排在 9 月上旬，理论上应该还可以在下旬增加一个档期。不过现在报档期时间有些紧，我会议结束后马上跟平台联系。如果可以的话，我及时向您汇报。"

Aaron 点头示意，并且快速把这一段记录在笔记本上，然后他抬头示意 Alex 继续。

Alex 翻开下一页 PPT，上面显示的是一幅用 Excel 制成的拆线图表（见图 4-13）。

"接下来，我们来看看与双 11 有关的数据。"Alex 此时的声音显得更加干脆而从容，"图 4-13 所示是去年双 11 的数据复盘，事实上，我们跟踪了过去三年双 11 当天的流量与销售数据，发现它们有着很明显的共性。大致可以总结如下。"

1）从时段来看，全天大约共有三个时间段为销售及流量的高峰期；分别是 0 点至 2 点、8 点至 9 点，以及 21 点至 23 点。这三个时间段大致可以代表三种购物特性：凌晨秒抢、上班购买、晚间捡漏。因此，建议我们的营销节奏也可以据此来进行相应的铺排。

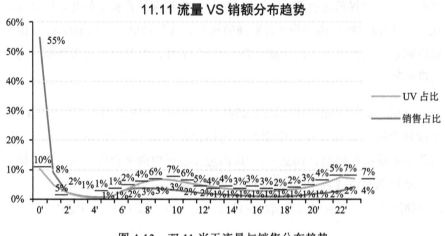

图4-13 双11当天流量与销售分布趋势

2）从销售占比来看，0点至2点这两个小时内，销售占比高达60%～70%，这段时间的购买主要是以预热期间提前加购的用户为主。根据这一特性，我们可以做出全天的销售预测：首先将截至凌晨3点的销售额除以60%或70%，以此计算出全天的预估销售额。然后与当天的计划销售额加以对比，判断两者之间是否存在缺口。如果达不到预期，则应想办法在接下来的两个流量高峰中予以补救；如果达到预期，也应及时检查商品的销售结构是否尚保持相对完整。重点监测动销率、售罄率等关键指标，降低主力商品牌出现断货的风险。

Alex语音刚落，Aaron轻轻鼓起了掌，随之办公室响起了一阵整齐的掌声。"很棒的数据，这就有点排兵布阵上战场的感觉了。"Aaron兴致高昂地大声说道，"把双11看成一场战争，并且把整天的战争分成三个不同的小战争，而且这三个小战争并不是孤立的，而是各有特性而且又可以互相联系的。这就是我从刚才的数据分析中所看到的东西。"

"刚才Alex已经说到了，这三场战争各有不同的特色，有凌晨秒抢型、有上班购买型、有尾盘捡漏型。那么针对这三种不同的特点，我们的销售也应该有不同的套路和对策才是。接下来，请在座的各位都畅所欲言，大家一起讨论，针对这三场战争，我们可以从营销、商品、推广等不同方面，各自做出哪些调整与对策呢？"Aaron兴致勃勃从Alex手中"抢"回了"发言权杖"，主持着大家继续讨论这次双11的备战。

Alex的数据分享刚好已经讲完，于是顺势把电脑投影关掉，参与到大家的讨论之中。

30分钟后，讨论结束。Alex笔记本上记满了密密麻麻的重点事项：

1）0点至2点是最重要的成交高峰，但是成交多少与前期的预热有关。商业智能部负责从预热前7天起，每天提供预热效果分析报告给商品、市场与运营部门，以便根据数据进行预热效果跟踪与调整。

2）双11活动当天，与会各部门安排精干人员，全员从11月10日22点开始值班至11月11日凌晨3点，以便监测销售进度并随时调整。同时商业智能部在凌晨3点后做好实时数据分析报告，从销售预测、商品动销、流量监测等各方面做出评估，为业务部门提供参考。

3）双11当天早8点、晚10点，由商业智能部提供实时数据报告，同样从销售进度、流量监测、商品动销等方面为业务部门提供实时参考。

Alex用红笔把待办事项一一圈了出来，然后认真仔细地写好"计划完成时间"——这些事项就是他所代表的商业智能部的使命，以及所被认同的价值所在。

众人依次走出会议室，Alex走在最后面，他将会议室的门轻轻带上，仿佛怕惊醒了会议室里正在酝酿着的美梦。

可控的五大数据化促销要素

星期四。

天气晴朗,太阳早早地就爬上了半空。明亮的阳光透过厚厚的玻璃倾洒到靠窗的电脑屏幕上,让人完全看不清屏幕上的任何字迹。

叶子不得不把百叶窗拉到闭合状态,以便继续接下来的工作。她低头看着笔记本上记录的今天的代办事项:

1)整理过去两年双 11 活动的商品备货与销售结构,找出畅销及主推款的商品特征:价格带、折扣带、类目等;

2)根据需求建立今年双 11 活动的商品 ABC 分类及主推款跟踪表单格式;

3)整理双 11 活动的预热跟进报告的需求与基本思路,供内部讨论。

此时她的目光定格在第 3 项工作中,对她而言,前面两项工作几乎都是"送分题"。唯独"活动的预热跟进报告"这一项使她焦头烂额。"活动的预热"是一个全新的课题,从她入职以来,不管是在 Alex 的带教课程中,还是日常工作中,她很少会接触到与预热相关的内容。

电脑屏幕的右下角突然跳出一个弹出窗口——"您有一封新的邮件到达"。叶子点开一看,原来是 Alex 发出的即时会议邀请,与会者还有大白。

15 分钟后,叶子和大白同时走进会议室,Alex 随后而至。三人按照习惯的位置坐定,Alex 坐在背靠会议室白板的一方,叶子和大白相隔一个位置坐在 Alex 对面,面向白板。

"大白、叶子,你们是同一天入职的,很快就要面临转正了吧?"

叶子和大白对视一眼:"是的,我们的试用期到 11 月 20 日。"

"呵呵，赶得很巧呀。刚好是在双 11 活动之后。"Alex 微笑着说，"看来双 11 就是用来检验你们的好舞台啊。"

大白难得自信地说："毛毛雨啦。"叶子也跟着开玩笑："随时接受领导的检验。"

Alex 被逗笑了："OK，那么，今天就是我们带教课程的最后一课——如何利用数据为电商的大促活动提供支持。"

叶子和大白随即打开了笔记本，神情严肃地进入听课状态。

他们都参与了上周 Aaron 主持的"双 11 活动筹备大会"，因此明白今天的课程其实是为了即将到来的双 11 活动而准备的，其意义远非自己的试用期考核那么简单。双 11 活动是商业智能部第一次从幕后走向台前的重要活动，是商业智能部的一次路演，更是事业部双 11 大促的一次练兵。这次活动的成功与否，直接决定了商业智能部的部门价值是否能被业务部门及公司总部认可。

Alex 首先向两人抛出一个问题："你们说说，对于一次大型促销活动而言，影响它是否成功的重要因素有哪些？"

大白相当主动，抢在了叶子之前回答："促销力度最重要，其次是预热的时间、效果。"

叶子马上补充道："还有平台资源，平台资源越多，流量越多，业绩也就越高。"

等到两人说完后，Alex 总结道："你们说得虽然对，但是太笼统了。从数据分析角度来讲，可以量化的影响活动的重要因素有 5 个：优惠券、资源位流量、老客户激活、承接页流量、加购商品监控。"说完，他转身在白板上画下了简单的思维导图（见图 4-14）。

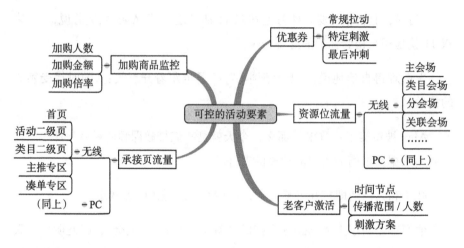

图 4-14 可控的五大活动要素

画完后，Alex 转身为两人一一解释。

"促销活动中的可控因素，是指在做促销活动时，我们能够人为控制并且借此来改善促销业绩的一些因素。在实际工作中，从数据支持角度而言，我们可以总结为以上 5 个要素，做好这 5 个要素，数据部门在销售活动中的价值才能体现出来。"

巧设优惠券，提升销售额

"在这 5 个要素中，老客户激活、资源位流量、承接页流量、加购商品监控的数据化分析与支持我们在前面的课程中已经有介绍过了，因此不再赘述。我们今天重点探讨一下优惠券的数据化运营技巧。"Alex 对两人说。

"优惠券是电商促销活动中的常规武器，一般分为无门槛优惠券和满减优惠券两种。优惠券的作用在于打消顾客在购买时对于价格的顾虑。把顾客从冷静理性的购物状态带入感性、冲动的购物状态。这样，便达到了刺激顾客购买欲望的目的——这一点，在那些对价格敏感的客户群体中尤其有效。

但是缺点也同样明显,就是会显著拉低销售利润。控制不好,甚至会导致销售亏损。"

叶子和大白听得非常投入,不时下意识地点头。Alex继续解说:"下面,我们来看看,从数据层面能够为优惠券提供哪些方面的数据支持。"

1. 设置正确合理的优惠券面额

优惠券的面额可以自由设定,比如"69元优惠券,满300元可用""50元优惠券,满200元可用"……这些优惠券的面额与门槛都是随意设定的吗?显然不是!

除了业务部门需要考虑折扣、发放渠道、发放数量等因素之外,在实际工作场景中,有两种方法可以为优惠券的设定提供数据支持。

方法一:平均客单价设置法

店铺的平均客单价代表了店铺目前用户群体的消费力水平。譬如某店铺的平均客单价为270元,那么,说明此店铺客群的消费力大致也是在270元左右(一般是学生或刚入职场的年轻人)。因此,我们可以把优惠券的门槛设置为300元,这样便可以达到鼓励用户进行高客单消费的目的。

下面,对平均客单价法的使用做一个详细的描述。

利用平均客单价方法设置优惠券时,首先要规划本次共设几档优惠券,然后参考店铺的平均客单价,以再搭一个单品即可达到优惠门槛为佳。

举例说明:

A店铺在筹备三八妇女节的活动时,计划设置三档优惠券,用以提升活动效果。那么,应该如何设置呢?

首先,预估一下活动期间的平均客单价,并且将其分为上中下三档。比如,连带率低于1.6时,客单价为多少?连带率低于3.0时,客单价为多少？连带率高于 3.0 时客单价为多少？根据此三个阶梯来划分优惠券的三大门槛。由于是促销期间，客单价肯定会比日常略低，因此可以根据活动商品的平均折扣，或者过去同类活动来预估。

其次，精选一些可以提升连带销售量的单品作为搭配产品，在首页或者活动二级页中组成搭配专区，以便于给用户凑单。这样可鼓励用户达到使用优惠券的门槛。披肩、毛巾、内搭等是常见的搭配产品。

最后，"平均客单价 + 搭配物件价格 - 可以承受的销售折损金额"便是优惠券的面额档级。如店铺连带率低于 1.6 时，客单价为 340 元，搭配物的价格为 59 元，可以承受的折损是不低于活动价的 9.8 折。那么，优惠券高则可以设置为"80 元，满 399 元可用"，低则可设置为"40 元，满 399 元可用"。

方法二：价格带宽度设置法

根据价格带的宽度设置优惠券是另一种操作更简便的方法。

此种方法要求先将店铺统计周期内的销售价格带罗列出来，然后根据价格带的宽度分布来设置优惠券的层次与门槛。

具体示例如图 4-15 所示。

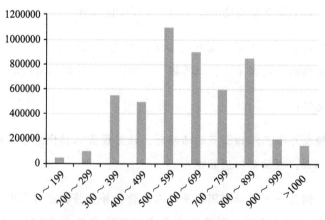

图 4-15　某店铺 10 月销售价格带分布

图 4-15 展现了某店铺 10 月份全月的销售价格带分布。从图中可以很清晰地看到，假设把主销价格带分为三段，则可以分为 300～499、500～699、800～899 三段。根据这一分类，假设同样需要设置三档优惠券，则可以按图 4-16 所示进行设置。

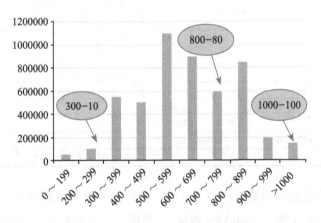

图 4-16　根据价格宽度设置优惠券

利用价格带宽度设置优惠券的优势在于，可以从视觉上直观判断优惠券的设置档级，避免许多计算过程。利用这种方法同样可以通过优惠券将消费者吸引至下一个主销价格带，从而达到提升销售业绩的目的。

2. 优惠券跟踪分析

讲完了两个案例，Alex 端起桌子上的水杯，润了润沙哑的嗓子。等到叶子和大白的目光从图表上移开之后，Alex 才继续讲解。

"在大促之前，除了能够为业务部门提供设置优惠券的档级建议之外，数据部门更重要的职能是——需要跟踪优惠券的领用与使用情况来判断店铺需要承担的折损与能够带来的销售业绩。"

Alex 将 PPT 投影翻至下一页，呈现在叶子和大白面前的是一个 Excel 表格（见表 4-18）。

表 4-18 大促活动中优惠券的领用与使用跟进

类型	面额 & 档级	展现位置	发放时间	发券量	领券量	领券率	使用量	使用率
常规拉动	（满）11-（减）10	首页、活动二级页	预热及活动期内	193 000	164 050	85%	3 117	1.9%
	（满）699-（减）50			145 000	120 350	83%	542	0.5%
	（满）1300-（减）100			15 000	13 800	92%	61	0.4%
	（满）2000-（减）200			10 500	9 975	95%	20	0.2%
合计				363 500	308 175	85%	3 739	1.21%
刺激拉动	（无门槛）秒杀20元券	活动二级页	预热最后2天	5 000	3 700	74%	92	4.0%
	（无门槛）秒杀50元券			1 000	980	98%	89	10.0%
合计				6 000	4 680	78%	181	3.87%
最后冲刺	（无门槛）50	首页	活动结束前3小时	2 000	2 000	100%	300	15.0%
	（无门槛）50	活动二级页		8 000	3 360	42%	504	15.0%
	（满）699-（减）80	购物车		5 000	1 200	24%	60	5.0%
合计				15 000	6 560	44%	864	13.2%

大白盯着这份表看了将近2分钟，最终还是以疑惑的眼神向Alex发出求救信号。叶子则直接向Alex提问："老板，这个表能够说明什么问题啊？"

Alex看着两人，组织了一下语言："从这个表中可以看出三个重要的信息。"

首先，综合"类型""面额 & 档级""展现位置""发放时间"四列信息，可以了解到店铺运营人员对优惠券的定位与运营手段。以"无门槛50元"的优惠券为例，这是运营人员在活动期间的最后几小时冲刺业绩所用的，因此可以看到它仅在活动结束前3小时才推出。这是运营上的解读。

其次，从数据层面，需要跟踪优惠券的领用情况与使用情况。在预热期间，每天观察优惠券的领用率，以便评估活动的预热效果是否足够理想。同时，如果发现优惠券的领用超过预期，在预热尚未结束而优惠券的领用率却达到85%以上时，可提醒业务部门增加优惠券的发放数量。同时，还可以根据领用率来评估优惠券的投放位置与投放时间是否正确有效。譬如在表4-18中所示的"无门槛50元"优惠券，便分别投放了"首页"与"活动二级页"两个位置,但是"首页"的领用率达到了100%,而"活动二级页"的领用率仅43%,说明同样的优惠券,在首页投放的效果比在二级页中投放的效果更好。因此,若下次再有类似优惠券时,在折损允许的范围内,可以建议运营人员在"首页"上投放更多的优惠券;而在活动开始后,则需要跟踪优惠券的使用量与使用率。根据优惠券的使用率来计算本次活动中优惠券所导致的折损,以此评估本次活动中优惠券的折损是否在预算范围之内。

叶子和大白在笔记本上快速地记录着。听到 Alex 讲完后,大白放下手中的笔,向 Alex 提问:"那么,我们要怎样根据使用率来计算优惠券的折损呢?而且要怎样判断这个折损是否合理呢?"

"Good,很好的问题。"Alex 向大白表示赞赏,"不过这个问题也很简单。"他转身面向白板,快速画了一个简单的 Excel 表格(见表 4-19)。

表 4-19 优惠券带来的折损金额与 ROI 预估

类型	面额 & 档级	单张折损	折损金额	使用门槛	刺激销售额	ROI
常规拉动	(满) 11-(减) 10	10	31 170	420	1 309 119	42.0
	(满) 699-(减) 50	50	27 079	700	379 103	14.0
	(满) 1300-(减) 100	100	6 072	1 300	78 936	13.0
	(满) 2000-(减) 200	200	3 990	2 000	39 900	10.0
刺激拉动	(无门槛) 秒杀 20 元券	20	1 840	420	38 640	21.0
	(无门槛) 秒杀 50 元券	50	4 450	420	37 380	8.4
最后冲刺	(无门槛) 50	50	15 000	420	126 000	8.4
	(无门槛) 50	50	25 200	420	211 680	8.4
	(满) 699-(减) 80	80	4 800	700	42 000	8.8
总计		-	119 600	-	2 262 758	18.9

"这个表格是对表 4-18 的补充,可以看出,经过计算后,本次活动折损金额约为 12 万元,这是所有优惠券使用后带来的销售损失,但与此同时,这些优惠券也带来了约 226 万的业绩。以此计算,ROI 达到 18.9。在大促活动中,优惠券的 ROI 如果低于 15,一般是不太理想的。"Alex 快速地把表

格解读了一遍。

由于表格逻辑相对比较简单，叶子与大白都没有疑问。只是迅速将"ROI 小于 15→不理想"这个关键信息记录了下来。

Alex 抬腕看了下手表，离下班只有 20 分钟了。看到大白与叶子掩饰不住的疲惫神情，Alex 宣布会议结束。

第 16 课　店铺的双 11 年终大促

本节课讲述了在电商最重要的节日（双 11）中，数据部门如何在活动的筹备、预热，活动进行，到最后结束这一整个活动链路进行有效干预，为运营部门提供数据化支持。

本节课的重点在于"活动现场"的数据支持，如屏效分析、ABC 分析、预付与催付等。由于优惠券、商品筹备等许多内容在前文已经详细介绍过，因此在本节这部分内容便会有所省略，读者需要自行总结与整理。

双 11 来了

双 11 大促的紧张气息笼罩着办公室，不知何时，办公室的上方挂满了色彩鲜艳的气球与红色彩幅——"不吃饭 不睡觉 打起精神数钞票""不怕失恋 就怕失单"……各种奇葩的标语飘在办公室上方。大白与叶子忽然产生一种明悟，"原来积极、自由的工作氛围才是电商公司与传统公司的不同。"

办公室的每个人都把脑袋深深埋在了巨大的电脑屏幕下，眼神专注，手指在键盘上快速跳动，很少有人四处走动或随意说话。

大白与叶子第一次经历如此紧张的电商时刻，今天是 11 月 10 日，两人被告知今晚需要加班到深夜 3 点。他们没有抱怨，反而有一丝能够参与这场大战的兴奋与激动。

不过此时，他们还没有时间表达各自的兴奋，他们正沉浸在数据的海洋中，手中的鼠标在同时打开的四份 Excel 表格之间不停跳动，他们需要在 22:30 之前把截至昨天的《活动预热报告》整理好，并且发给商品、运营、推广等业务部门。从 11 月 3 日的预热第一天开始，这是两人每天的固定工作。而这样做的好处是能够让业务部门及时对活动的预热效果建立认知，并且能够参考《活动预热报告》中的"商品加购分析"与"优惠发放分析"的数据，及时调整商品及优惠券的预热策略。叶子清楚地记得，在前两天，运营部门便根据自己所做的"优惠券发放分析"结果，在天猫渠道追加投入了 10000 张 20 元无门槛优惠券，从今天收集的数据来看，这些优惠券已经所剩无几了。

叶子将鼠标在 Outlook 的"发送"按钮上轻轻一点，她奋战了 2 个小时才完成的这份天猫渠道的《活动预热报告》便经由网络飞向了收件人。

活动日第一波分析：屏效与 ABC 分析

在忙碌中，时间总是过得很快。叶子和大白从酒店洗漱完毕后来到办公室——为了这次活动，公司特意在办公室周围的酒店订下房间供今晚加班的同事休息。明亮的灯光使人完全感觉不到现在已经是晚上 11 点了，只有办公室稀稀落落的加班人群以及清晰可闻的键盘声音提醒着人们现在已经将近深夜。叶子和大白再次将所有天猫、淘宝与京东旗舰店的网页与商品陈列检查了一遍，并且对相关竞争品牌的店铺首页与活动二级页也进行了截图，保存在一个新建文件夹中，以供留存与记录。

时间即将来到 0 点，Alex 捧着笔记本电脑，走到叶子与大白位置旁边。他的笔记本电脑早已打开天猫、京东与淘宝三大平台的实时业绩统计页面，以便随时关注业绩的变化。

仿佛被施了定身魔法般，当手表的时针、分针与秒针同时指向 0 点位置时，生意参谋上的实时业绩瞬间回归到了硕大的 0 元，停顿了不到两秒，业绩区的数字又突然像放开了闸门的洪水，从 0 元开始不断变化、放大。

1 分钟时，2238420 元；

3 分钟时，589327 元；

5 分钟时，1032323 元；

10 分钟时，270 万；

……

60 分钟时，620 万…

……

双 11 的潘多拉魔盒已经打开，在前一个小时，营业额每分钟都在成倍地快速跳跃着。办公室中突然响起了一阵惊叹，随之是激烈而持久的掌声。这是销售团队的同事兴奋的庆祝声。原来，620 万——这一数字距去年双 11 活动当天的销售额（900 万）已经不远了，而现在仅花了一个小时。

象征着业绩的数字还在不断地跳跃，不过可以看到增速已经明显放缓。差不多又过了半个多小时，屏幕上的业绩数字终于要间隔差不多几十秒才会跳动一次，众人的情绪渐渐平稳。Alex 将笔记本电脑向前稍微推开一些，然后向叶子和大白布置了任务，"现在第一波销售高峰差不多结束了。等会你们要辛苦一下整理好今天的第一版《屏效分析》与主推款的《商品 ABC 分析》，然后用邮件发给我。"

叶子与大白也已经从兴奋中逐渐回归平静，此时迫不及待想做点什么，以便为业绩的冲刺贡献自己的力量。于是连忙点头称是。

"你们要在 30 分钟之后再开始整理数据哦。因为现在还是销售高峰期，现在统计的话，数据会出现很大滞后的。"Alex 走回自己办公室之前又向两人叮嘱了一番。

"放心吧，老板。"叶子和大白再一次给予确定的回应。

一个小时后，Alex 在电脑上打开叶子刚发过来的《屏效分析》（见表 4-20）与《主推款：商品 ABC 分析》报表（见表 4-21）。

表 4-20 屏效分析

>> 单屏效率分析

屏数	位置	SPU	总销售件	占全店业绩	占全店 UV	单屏转化率
第一屏	坑位 1	s1	169	0.5%		
第一屏	坑位 2	s2	621	0.7%		
第一屏	坑位 3	s3	211	0.4%		
第一屏	坑位 4	s4	853	1.1%		
第一屏	坑位 5	s5	176	0.2%		
第一屏	坑位 6	s6	1 265	2.5%		
第一屏	坑位 7	s7	212	0.4%		
第一屏	坑位 8	s8	182	0.4%		
第一屏合计：			3 689	6%	6%	0.46
第二屏	坑位 9	s9	269	0.6%		
第二屏	坑位 10	s10	974	2.0%		
第二屏	坑位 11	s11	253	0.4%		
第二屏	坑位 12	s12	116	0.5%		
第二屏	坑位 13	s13	32	0.1%		
第二屏	坑位 14	s14	193	0.5%		
第二屏	坑位 15	s15	152	0.3%		
第二屏	坑位 16	s16	221	0.6%		
第二屏合计：			2 210	5%	4%	0.45

>> 三屏合计

重要屏位	业绩占比	UV 占比
首页前三屏	11%	23%
活动页推荐前	17%	16%
活动页连衣裙	9%	10%
合计	37%	49%

表 4-21 主推款：商品 ABC 分析法

spu	类别	折扣	备货数量	加购倍率	实销量	消化率	分类	当前坑位	建议
a1	裤子	47%	406	178%	154	38%	B	首页—第3屏	预热表现不理想，但购买较高，继续保持
a2	连衣裙	47%	751	60%	40	5%	C	首页—第7屏	预热差，购买差，考虑放弃或更大力度促销
a3	羽绒	50%	192	1240%	168	88%	A	活动页—第2屏	库存告急，随时更换商品
a4	呢料	50%	236	507%	92	39%	A	活动页—第2屏	库存告急，重点关注，随时更换商品
a5	呢料	50%	356	1020%	273	77%	A	活动页—第1屏	库存告急，重点关注，随时更换商品
a6	连衣裙	50%	747	664%	583	78%	A	活动页—第1屏	库存告急，重点关注，随时更换商品
a7	连衣裙	50%	311	882%	311	100%	–	活动页—第1屏	已售罄
a8	连衣裙	50%	357	1167%	291	81%	A	首页—第1屏	库存告急，重点关注，随时更换商品
a9	连衣裙	50%	351	946%	350	100%	–	首页—第1屏	已售罄
a10	连衣裙	50%	286	1018%	286	100%	–	首页—第2屏	已售罄
a11	连衣裙	50%	269	1172%	269	100%	–	活动页—第2屏	已售罄
a12	连衣裙	50%	428	1898%	426	100%	–	活动页—第1屏	已售罄
a13	连衣裙	50%	459	204%	125	27%	C	活动页—第5屏	预热尚可，库存较深，建议更换黄金坑位测试
a14	毛织	56%	573	594%	396	69%	B	活动页—第5屏	预热及实销尚可，继续保持

Alex 看着叶子新鲜出炉的数据报告，表格中的数据清晰、逻辑严谨、结论合理。尤其让 Alex 眼前一亮的是，叶子自作主张在 ABC 分析表格中加入了"当前坑位"一列。这样，就让商品的"加购倍率""实销量"这样的纯数值指标与"阵列"结合在一起，从而使这份表格的建议更具有指向性。

Alex 特意走向叶子与大白的办公位置，轻拍叶子的肩膀："非常不错，这份表格可以给业务部门带来很直观的数据呈现！"

叶子喜笑颜开，大白也凑过头来仔细钻研这份由叶子加工创新的报表。Alex 把手腕轻轻搭在大白肩膀上，对两人说："我们就以这份表格的格式为标准，在 11 点、22 点时再分别向业务部门提供一次。"

叶子欣然领命。

Alex 环视了一眼办公室，此时已经陆陆续续有其他部门的同事下班回酒店休息了。于是他分别与几位渠道经理及商品与市场部经理简单商量了一下，然后告诉叶子与大白："咱们也先下班吧，明天提前一小时上班，8 点钟我们就要到办公室。"

活动日第三波分析：断码分析与预售催付

一夜无语。

当叶子沐浴着温暖的阳光走进办公室时，偌大的办公室此时只有三两个人安静地坐在电脑前，她们与叶子同样是属于来得比较早的那一批。

叶子心想："按 Alex 所说的，早上的 8 点到 10 点是双 11 这类大型促销活动的第二波销售高峰。而假设自己昨晚所做的《主推款：商品 ABC 分析》与《屏效分析》的报表能够发挥想象中的作用的话，此时运营的相关同事应该已经根据表格中的数据与结论，对页面的商品陈列进行调整了才对。"

这么一想，于是她从网页中进入了自家的天猫旗舰店，并着重看了店铺的首页与二级页中的商品排布，果然发现昨天被标注为"已售罄"以及部分标注为"A"的商品已经被替换了。"唉，可惜昨晚没能截个图保存一下，否则就可以凭借截图与现在的页面作对比，从而发现究竟是哪些商品被替换了。"

尽管没有非常确切的证据，叶子依然十分兴奋。"在每一波销售高峰中，以更有吸引力且库存深厚的商品去迎接集中化的流量——这就是促销活动中，商品调换背后的运营逻辑，这也是《屏效分析》与《主推款：商品ABC分级》报表所产生的真正价值。"

在忙碌中，时间飞快地来到了晚上21点，叶子完成了今天的第三版《屏效分析》与《主推款：商品ABC分级》的报表。此时她的胳膊由于长时间摆在办公桌上已经有些酸痛了。

但令人兴奋的是，此时全店的销售额早已突破了1400万，提前完成了本次年终大促的销售目标，但是根据Alex从销售部门转达回来的信息，现在的任务是要冲击1800万，争取以130%的完成率结束双11活动。这样，事业部的每个人都能赚取到更高的销售奖金。

同时，Alex还给大白和叶子布置了两个任务：

1）帮助淘宝渠道分析目前商品的断码率，并挑出深库存且评级高的款式；

2）帮助天猫渠道挑出预售客户中已经付了定金，但未完成尾款支付的客户。

仅仅20分钟之后，Alex收到了叶子发过来的报表——《商品断码统计》（见表4-22），Alex打开表格。

表 4-22　淘宝渠道商品断码统计

货号	颜色描述	销售						库存						断码	建议
		XS	S	M	L	XL	均	总计	XS	S	M	L	XL	均	总计		
s4	浅绿		23	45	61	2		131			42	59	24		125	*不断码	继续主推
s5	黄绿	1	14	23	11			49	12		47	59	24		142	*不断码	继续主推
s6	黄色			4	27	36		67			23	12	24		58	*不断码	继续主推
s7	淡黄	1						1	12		47	35	12		106	*不断码	更换商品
s8	本白				1			1			11	47	24		82	*不断码	更换商品
s9	粉蓝			25				25			24	47	59		130	*不断码	继续主推
s10	莹光红			24	41			65			12	94			106	断L码	考虑主推
s11	粉蓝			15	12			27				12			12	断M码	更换商品
s12	本白			11				11			24				24	断L码	更换商品
s13	粉蓝			9				9	24	142	35				201	断L码	更换商品
s14	深蓝			32	47			79			47	118			165	断L码	考虑主推
s15	粉绿		7	21	25			53	35	35	12				83	断L码	考虑主推
s16	浅灰绿	1		14				15				12			12	断M码	更换商品
s17	米白			9				9			12	35			47	*不断码	更换商品
s18	粉绿		15		23			38		12	35	24	12		83	*不断码	继续主推

　　* 注：期内共有 333 个 SKU 产生销售，销售后，其中出现断码的 SKU 达到 153 个。断码率达：46%

　　断码：当 M 码或 L 码库存为 0 时，判断为断码；

这是一份结构简单，内容也很简单的报表。

它的加工过程很简单：叶子从淘宝后台的订单中心统计了最近 4 小时的商品销售明细，用于判断商品尺码的畅销力度，再从数据库中下载了各尺码的最新库存，然后用一个简单的 IF 函数，就完成了商品是否断码的判断。

然而，这份表格的结论却很惊人：平台最近四小时仅动销了 333 个 SPU，Alex 知道全店商品约有 1200 个，也就是说，最近四小时的动销率仅 28% 左右。而动销过的商品中，已经出现断码的商品竟然高达 46%。

叶子显然也看出了这份数据的异常，所以她才用红色字体予以标注。Alex 看了眼电脑屏幕下方的时间，现在是 22:30，离促销结束还有 90 分钟，而且现在正好是今天最后一波的销售高峰。

"唉，断码率达46%，要是早一点发现就好了。"Alex叹了一口气，转念一想，"是淘宝渠道的备货出现问题吗？不对！也许备货没问题，只是淘宝渠道的商品调换轮转太慢导致的。动销率才28%呀，而据我所知，这次淘宝的主推款就有近500个商品——应该是这样了。"

想明白问题出在哪里之后，Alex将邮件转发给淘宝渠道经理，并且附上自己的建议。

J经理：

如数据所显示，在当前动销的商品中断码率已经高达46%。为避免销售损失，你们可能需要尽快组织一次范围较大的页面商品调换，我部门已经将目前库存较深的商品罗列于表中，请参考。

同时，个人建议，请优先调整首页与活动二级页面的前5屏。因为，这是用户访问较多的页面，也是比较容易出现断码商品的页面。

发完邮件后，Alex靠在椅背上刚准备休息一下，电脑又发出"叮"的一声。原来是大白的邮件《天猫预售情况分析》（见表4-23）也发过来了。

表4-23 天猫店铺预售情况分析

\>\> 预售之仅下单情况

订单状态	订单数	销售件数	已收金额	应收金额
仅下单未付订金	1 102	1 135	—	653 654
付订金后申请退款	24	24	—	—
总计	1 126	1 159	—	653 654

\>\> 预售之尾款支付情况

订单状态	订单数	销售件数	已收金额	应收金额
已付尾款	4 100	4 107	2 238 637	2 238 637
未付尾款	567	568	—	319 680
总计	4 667	4 674	2 238 637	2 558 318

注：可催付的金额约为32万元；

另，"下单但未付订金"的订单金额达约65万，可短信提醒，或派送定向优惠券；

Alex 飞快地浏览完了数据表格，他抓起办公桌上的电话，拨响了大白的分机："大白，你刚刚发的表格中，显示咱们现在还有约 32 万元的预售款尾款没有支付，是吗？"

"是的，老板。"

"嗯，那么，你可以把客户的名单，包括手机号与淘宝 ID 给抓取出来吗？……OK，那你尽快抓取出来发给我。对了，还有'仅下单未付订单'的那部分客户的名单……对，越快越好！谢谢。"

5 分钟后，Alex 将两份表格一起打包，发邮件给了天猫渠道经理和客服经理，并且提醒他们按照名单尽快安排催付。

在离促销活动结束还有不到 2 个小时的时间里，Alex 忙得不可开交。他一面向大白和叶子下发着关于各种数据报表的指令，一面从各个电商渠道与业务部门中搜集各种销售动态与数据需求，还要忙着将数据分析的结论反馈给各个相关部门。

……

仿佛才过了十几分钟，但实际上手表的指针已经从 10 点走到了 12 点。双 11 促销活动终于结束了。

业绩最终定格在 18032130 元，办公室霎时响起了雷鸣般的掌声、欢呼声。Alex 完全倚靠在座椅上，仰首闭目——"终于结束了吗？"

"真是一场精彩的战斗呀——从预热到迎接第一波高峰，到指挥调整商品轮换、增加刺激型优惠券，再到最后协助淘宝渠道大批量更换断码商品，还有为天猫渠道提供预售催付名单……一直到活动结束的前 2 个小时，我们才发现淘宝渠道的商品动销率仅 28%，而断码率则高达 46%，这场战斗值得总结的地方实在是太多了。"

Alex 思想飘忽，他想起了入职第一天时，Aaron 对自己说的话："Alex，公司的电商运营现在正处于一个艰难的转型期，你不要辜负我们的期望呀！"

念头一转，Alex 想到了叶子，仿佛又看到面试时那个穿着碎花短裙表情拘谨的小姑娘，"您好，我叫叶子……"以及当她悟透了线上线下商品运营体系的不同时雀跃的样子，"老板，我发现了，原来……"不知不觉，面试时那个腼腆拘谨的小姑娘已经成长为这次双 11 活动的数据分析主力了！

转而，脑海中又出现大白的影子，大白微微抬起下巴的表情，以及他说话之前总要先"呃"一下然后再整理内容。还有他出差回来时，大白陷入了转型迷茫期痛苦的找他谈话，"我想离职了……""大白，你相信我吗？"

这一幕幕场景，就像电脑镜头一样从 Alex 脑海中一一飘过。最终，画面定格在双 11 活动结束时，办公室发出的欢呼声。

"双 11 这场攻坚战总算是打下来了，这下我明天可以和 Aaron 说——我们'数据化运营'的方向没有错！"Alex 嘴角露出了微笑，身体却还瘫在柔软的办公椅靠背上不想动弹。全身放松之后，他感到身心俱疲。

电话铃声响起，"Alex，快过来呀！我们准备了香槟，就等你来开瓶了"，是运营部打过来的。

"叶子、大白，走！我们去运营部腐败去……"

后　　记

　　这是一个虚拟的职场故事。

　　在这个故事里，叶子与大白无疑是非常幸福的——因为他们有一位贴身保姆一样的领导。领导为他们量身定制了"从小白成长为数据分析师"的16节课。在这16节课的学习过程中，他们有过质疑，有过放弃，但幸运的是，他们最终坚持了下来，并且如愿以偿地成为了一名优秀的数据分析师。

　　这又是一个真实的职场故事。

　　"数据分析师"作为电商行业中的一个新兴职业，在天猫、京东与唯品会等行业巨头的强力拉动下，现有职场中所储备的"即用型人才"迅速被抢夺一空，因此大量从其他行业、其他岗位转型过来的人才不断涌现，想要加入到数据分析师的队伍中来。

　　"数据分析师"需要人们具备"深刻的业务理解能力"+"数据处理能力"+"电商运营能力"，是一种复合型人才。为此，他们需要付出十倍百倍于常人的努力。也许其中许多人还要经历旁人的误解和白眼，因为在你虚心向他人请教业务知识与运营知识的时候，难免有人就会想"教会了你之后，你是不是就要拿这东西来'革我的命'了？那我为什么要教会你呢？"这些狭隘的想法，也给想要转型的人们造成了本不该有的极大的困扰和阻碍。

　　但是，大势所趋：电商的品牌与商家们，需要数据，变得更有价值！以天猫为代表的电商行业，也需要数据，变得更有价值！

　　有感于此，我将这些年来个人所积累的电商与服饰行业的经验，所感悟到的电商运营知识，所实践过的数据化运营实例，整理成一个知识体系，并融入到故事情节中。

　　希望借此能够激励和帮助更多有志于在电商数据化运营领域发展的朋友！

推荐阅读